대한민국에서
사장이 된다는 것

대한민국에서
사장이 된다는 것

초판 1쇄 펴낸 날 ｜ 2016년 10월 25일

지은이 ｜ 최태영
펴낸이 ｜ 이종근
펴낸곳 ｜ 도서출판 하늘아래

주소 ｜ 서울시 종로구 이화장1가길 부광빌딩 402호
전화 ｜ (02)374-3531
팩스 ｜ (02)374-3532
이메일 ｜ haneulbook@naver.com

등록번호 ｜ 제300-2006-23호

© 최태영, 2016
ISBN 979-11-5997-004-7 (03320)

히든챔피언 강소기업 CEO들이 말하는

최태영 지음

대한민국에서
사장이
된다는 것

：

독일의 경영학자 헤르만 지몬이 펴낸 〈히든 챔
피언 Hidden Champion〉을 읽은 건 30대를 마치고 40대를 준비할 무
렵이었다. 대중에게 잘 알려져 있지 않지만 각 분야의 세계시장 경쟁
력을 보유한 중소기업 얘기였다. 이들은 목표에 맞는 전략을 개발해
세계시장의 지배자가 된 기업들이었다. 하지만 잘 모르는 기업들이
대부분이어서 당시 큰 의미를 두지 않고 읽었던 기억이 난다.

그러다 다시 이 책을 꺼내 든 건 나이 마흔 초반이 되어서였다.
세상은 예전보다 훨씬 빠르게 변해 가는데, 나는 스스로를 구속하고
그 속에서 안주하고 있을 뿐이었다. 나는 점점 작아져만 갔다. 젊은
시절 뜨거운 열정으로 당당하게 벌였던 선배들과의 논쟁 대신 변명
과 타협을 더 생각했다. 후배들에게는 지시보다 부탁을 하게 됐다. 나
만의 고유한 색깔이 무언지조차 모른채 불혹을 넘겼다.

마침 사회생활을 시작한지 처음으로 내근을 경험하면서 충분한 시간을 갖고 다시 천천히 읽어나간 〈히든 챔피언〉의 느낌은 수년 전 느낌과는 사뭇 달랐다. 단순히 성공한 기업들의 경구가 아니라 책 전체를 관통하는 성공의 철학이 비로소 조금씩 보였다.

우리는 미래를 예측할 수 없다. 그러나 모방하고 또 그 속에서 창조할 수는 있다. 10여년 혹은 20여년 전으로 되돌려 당시 우리의 삶을 예상할 수 있었던 사람은 거의 없었을 것이다. 뒤집어 지금부터 10년 혹은 20여년 뒤 인생을 확실하게 예측할 수도 없다. 삶은 불확실하고 미래는 알 수 없기 때문이다. 우리는 그저 존재한다는 사실을 알면서도 그저 그런 삶을 살고 있을 뿐이다. 그러나 우리에게 주어진 이 운명을 어떻게 극복할 것인지는 풀어야 할 과제다.

〈히든 챔피언〉을 읽으면서 가장 먼저 스스로를 돌아보게 됐다. 작지만 의미있는 일을 해보고 싶었다. 우리나라에도 잘 알려져 있지 않지만 충분히 경쟁력을 갖춘 기업들이 얼마든지 있지 않겠나. 이미 세상에 알려진 성공 사례나 뛰어난 경영 사례는 대부분 대기업들에 관한 것이다. 하지만 현실의 경제는 사정이 다르다. 경제의 큰 부분을 차지하는 것은 대기업이 아닌, 중소기업들로 이뤄져 있는 것 또한 현실이다. 그래서 수년 전부터 성공한 강소기업 CEO들을 찾아다녔다. 그들의 성공 스토리를 소개하기 시작했다.

이들에게서 공통점을 찾을 수 있었다. 첫째, 장기적 전망을 중시한다. 이들 기업은 단기적인 투자가치보다 지속성에 무게를 두고 경영을 한다. 둘째, 기업의 집중력을 중시한다. 여러 제품 시장에 관심을 두는 것이 아니라 협소하고 전문화된 제품 생산에만 집중하며 독보적 기술을 갖추고 있다. 셋째, 한 번의 큰 성공보다 일관성 있는 작은 행동을 중시한다. 이들 기업 중에는 본사 직원이 수십 명에 불과해도 전국적인 브랜드 인지도를 갖춘 사례가 많다. 또 고객의 의견을 경영이나 생산에 반영할 수 있는 시스템, 훌륭한 인재, 독특한 기업문화를 갖추고 있다는 특징도 지녔다. 이들은 대기업 CEO들과는 다른 방식으로 기업을 경영하고 있었다.

장기 불황에다 경쟁은 갈수록 치열해지고 있다. 약육강식의 논리가 지배하는 경제 생태계에서 뭐든 해보려고 하는데, 시장이 받쳐주질 않는다고들 한다. '노력하면 뭐하냐'는 말이 툭하면 입 밖으로 튀어나온다. 경기가 문제고, 구조조정이 닥쳐와 의욕이 안 나는 게 문제라고들 한다. 청년들 사이에선 연애, 결혼, 출산을 포기했다는 '3포 세대'에서 나아가 취업과 내 집도 포기했다는 '5포 세대'라는 말이 유행한다. 심지어 '7포 세대'(인간관계, 희망)에서 '9포 세대'(건강, 학업)를 넘어 이를 망라한 '다포 세대'라는 말까지 나온다. 이런 말들이 현실에서 하루빨리 사라지는 날이 오기를 바라면서 널리 알려져 있진 않지만 성공한 기업 CEO들을 한데 묶어 소개해 보고 싶었다. 이들이 어떤 노력을 통해 탁월한 경영 성과를 냈는지 들여다보고 싶은 의도였다.

이 책은 누구나 노력하면 성공할 수 있다는 긍정의 메시지를 담고 있다. 그런데 어떻게 해야 하는지 알면서도 실행하지 않는 경우가 대부분이다. 이 책은 어떻게 해서 성공의 반열에 올라섰는지, 30여 명의 강소기업 CEO들의 사례를 담고 있다.

이들에게서 무언가 배울 수 있지 않겠냐는 생각에서 시작한 작은 일 하나를 매듭짓고 나니 부끄럽기만 하다. 이 책은 내 젊은 날을 반성하게 만드는 전향서로 읽힐지도 모를 일이다. 참 창피한 자기 고백이다. 나는 이 책을 읽는 독자들의 삶이 더 윤택해지기를 바라면서 이 책을 썼다. 언제든 무엇을 원하든 여러분은 어제보다 나은 오늘을, 오늘보다 나은 내일을 만들 수 있다.

고민 많은 2016년 가을 어느 날
최태영

PART 1

기업가
정신은
나에게
집중하는 것

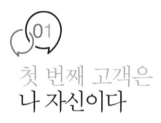

첫 번째 고객은
나 자신이다

세상에서 가장 행복한 사람은 누구일까? 100명에게 물어보면 100가지 답이 나올 것이고 1000명에게 물어보면 1000가지 답이 나올 것이다. 굳이 정답을 하라면 자기가 좋아하는 일을 하는 사람이 아닐까 생각한다.

직업인으로서 우리를 생각해보자. 어릴 적부터 직업을 갖기 위해 교육을 받고 일정한 나이가 되면 직업을 갖는다. 그리고 은퇴 전까지 삶이 직업을 중심으로 모든 게 움직인다. 다음날 출근을 위해 잠들어야 하고, 직업능력을 강화하기 위해 자기계발을 하고, 퇴근 후 일을 더 잘하기 위해 동료들과 술자리를 갖는다. 이렇게 보면 우리의 삶은 철저히 직업 위주로 돌아간다. 또한 직업이 있기에 생계도 해결할 수 있으며 자아실현 역시 직업이 있기에 가능하다. 마지막으로 자기 소개할 때 가장 앞에 붙이는 수식어는 자기 직업이다. '직업=나' 공식인 셈이다. 즉 지금 하는 일에서 행복을 느끼는 사람이 가장 행복한 사람이라 할 수 있다.

사업가도 마찬가지 아닐까? 자기가 좋아하고 즐기는 아이템으로 사업을 한다면 성공 가능성을 조금이라도 높일 수 있다. '오마하의 현인'으로 불리는 워렌 버핏은 자신이 좋아하는 일을 해야 성공할 수 있다고 말한다. 돈이 아니라 자신이 좋아하고, 사랑할 수 있는 일을 하면 돈은 저절로 들어온다는 것. 성공은 꿈꾸는 자의 것이다. 좋아하는 일을 하는 것이 가장 성공하는 길이라고 그는 확신했다. 할 수 있다고 믿는 사람만이 성공할 수 있다. 하고 싶은 일을 하면 성공할 수 있는 확률이 높아진다. 그렇게 되려면 아이디어를 행동계획과 잘 조화시켜야 한다. 그의 저서《워렌 버핏 & 빌 게이츠 성공을 말한다》를 보면 좋아하는 일과 성공에 대해 자세히 나와 있다.

"행복이라면 분명히 정의할 수 있다. 내가 바로 그 표본이기 때문이다. 나는 일 년 내내 좋아하는 일만 한다. 좋아하는 일을 좋아하는 사람들과 함께 할 뿐, 내 속을 뒤집어 놓는 사람들과는 관계할 필요조차 없다. 일을 하면서 유일하게 싫은 것이 있다면 3, 4년에 한 번씩 누군가를 해고해야 한다는 사실이다. 그것만 빼면 문제 될 게 없다. 나는 탭댄스를 추듯이 일터에 나가 열심히 일하다가, 가끔씩 의자에 등을 기댄 채 천장을 바라보며 그림을 그리곤 한다. 이것이 내가 행복을 느끼는 방식이다."

그럼 자신이 좋아하는 일을 사업으로 끌어오는 방법은 무엇일까? 두말할 것 없이 첫 번째 고객을 나 자신으로 생각하는 일이다. 자신을 고객 대하듯 사업을 한다면 워렌 버핏의 조언처럼 탭댄스 추듯이 일터로 나갈 수 있다. 창업한 지 11년 만에 코스닥에 상장한 후 단시간에 국내 시가총액 1조 원 이상을 기록한 김영찬 골프존 유원그룹 회장이 있다. 그가 바로 자신을 첫 번째 고객으로 생각하듯 성공한 사람이다.

골프존 유원그룹은 2000년 창업 당시 자본금 5억 원으로 출발, 2년 만에 첫 매출을 올렸던 2002년 20억 원에서 2013년 3,652억 원을 달성했다. 11년 만에 180배가 넘는 매출 성장을 기록했다. 2011년 스크린골프업계 최초로 코스닥에도 상장했다. 시가 총액 1조여 원을 기록할 당시 7,000억 원이 넘는 주식평가 이익으로 거부 반열에 등극하기도 했다. 김 회장은 2000년 KAIST 연구실 한쪽에서 골프 시뮬레이터 시스템(GS시스템) 개발을 시작했다. 그리고 그해 5월, 당시 54살의 나이에 골프존을 창업했다. 1년 6개월여간 개발에 매달렸다.

사실 그는 골프존 창업을 소박하게 생각했다. 창업할 당시에도 나이가 들었지만 20년 넘게 꾸준히 할 수 있는 일을 찾았다. 그래서 자신이 가장 잘할 수 있는 골프, 정보통신, 네트워크서비스 등을 합친 개념의 사업을 고민하다 '골프 시뮬레이터'를 만들기로 했다. 평소 자신이 좋아하는 운동인 골프에서 창업을 꿈꾼 것이다. 2001년 11월, 안산의 한 실내연습장에서 그의 첫 작품이 공개됐다. 당시 전국의 실내연습장은 3000여 곳 정도. 운영자들이 1~2대의 기계만 사주면 먹고살 만큼의 안정된 노후를 꿈꿀 수 있을 것으로 봤다. 앞서 1998년 박세리가 US 여자오픈에서 우승하면서 골프가 뜨고 연습장 사업자들이 차별화를 위해 스크린 구매를 하기 시작했다. 그의 말처럼 골프존 매출은 2002년 20억 원에 불과했지만 2004년엔 100억 원까지 치솟았다.

그러다가 2005년 스크린 골프연습장 증가와 함께 본격적으로 사업가로 변신한다. 이 과정에서 김 회장은 자신이 예상했던 것보다 훨씬 큰 규모로 사업 투자를 구상하고 있던 한 사업주를 만나게 된다. 김 회장은 향후 이 사업주와의 인연이 한 가정의 전 재산을 좌지우지하는 일로 변했다는 것을 나중에서야 알게 됐다고 회상했다. 창업 초창기에는 어려움도 많았다. 제품의 질과 기술력에는 자신이 있었지만 마케팅, 홍보, 판로가 문제였다. 관련 전문가를 영입하는 것도 쉬운 일이 아니었다. 좋은 제품을 만들어도 소비자들이 알지 못하고 찾지 않으면 무용지물이다. 김 회장이 선택한 건 전시회였다. 국내는 물론 해외에서 골프 관련 전시회가 열리면 어디든 달려갔다. 부스 6개를 통째로 빌려 스크린골프를 선보이고, 전시회를 찾은 사람들이 직접 체험할 수 있게 했다. 사람들은 호기심과 관심을 보이기 시작했다. 김 회장은 자신이 좋아하는 골프를 하나둘 실행으로 옮겼다. 내가 좋아하면 사람들도 좋아할 것으로 봤다. 자신이 만든 골프 시뮬레이터를 즐겁고 자신 있게 사람들에게 선보였다.

김 회장의 성공 이면에는 원천기술에 매몰돼 있지 않았다는 점이다. 시뮬레이터는 미국 골프용품 회사에서 먼저 드라이브 타구 분석용으로 개발한 것을 골프존이 뛰어넘었다. 단순한 타구 분석용에 그치는 게 아니라 라운딩용으로 업그레이드했다. 실제로 골프를 하는 것과 같은 이미지를 연출하는 데 성공한 것. 아무도 생각지 못했던 새로운 시장을 개척해 성공한 셈이다.

골프존은 2014년 말 기준 국내 시장점유율 84.1%를 차지하는 명실상부한 스크린골프 국내 1위 기업으로 성장했다. 최근에는 골프장 운영과 컨설팅 사업을 비롯해 골프용품 판매, 골프게임 개발 사업까지 영역을 확대하고 있다. 미국 진출도 본격적으로 검토하며 실행으로 옮기려고 한다. 골프존을 중견기업으로 성장시킨 리더의 비결은 뭘까. 김 회장은 다니던 S전자를 은퇴한 후 새로운 창업을 해야 하는 기로에 서 있을 때 '내가 알고, 잘할 수 있고, 좋아하는 일'을 하자고 결심했다. 골프존은 지금까지 '누구나 골프를 즐길 수 있게 한다'를 모토로 골프 시뮬레이터(GS)를 개발해 새로운 시장을 개척했다. 이를 위해 김 회장은 아이디어를 행동계획과 조화시켰다. 창업 초기 그의 머릿속에 떠오른 실행 키워드는 '인터넷' '정보통신' '네트워크' '골프' 네 가지였다. 정보통신과 네트워크는 S전자 시스템 사업부에 근무하며 늘 해 오던 일이었다. 인터넷은 2000년 초 일부 벤처 거품이 빠지기 시작했다고는 하나 일각에선 다시 붐이 일던 시대적 키워드였다. 여기다 골프를 접목했다. 은퇴 후 개인 사업을 하며 평소 즐기던 운동인 데다 연습장과 골프장의 중간에서 필드를 대체할 수 있는 연습시설이 있으면 좋겠다고 생각했다. 자신이 좋아하는 것을 사업화했다. 그리고 김 회장은 사람들에게 만남의 장소를 제공했다.

여기다 골프존 인기에 불을 붙인 건 순위 경쟁이었다. 전국에서 스크린골프를 즐기는 사람들을 네트워크로 연결해 실시간으로 각자의 순위를 알 수 있게 한 것이다. 네트워크 게임의 의미를 스포츠에 제일 먼저 적용한 것이 바로 골프존이다. 골프의 대중화에 기여한 것이다.

지금도 골프존의 경영철학은 철저하다. 골프존이 잘할 수 있고 잘하는 기술을 접목해 새로운 부가가치를 창출하자는 것이다. 이를 위해 김 회장은 레슨, 유통, 골프장, 엔터테인먼트라는 네 가지 새로운 분야를 추진하고 있다. 이것이 골프존의 핵심인 'K골프'다. 골프를 통한 새로운 한류 콘텐츠다. 전 세계 골퍼들을 하나의 네트워크로 묶어 레슨을 받고 골프용품을 구매하거나 스크린골프를 즐기고 필드에 나가는 것까지, 골프의 시작과 끝을 골프존이 제공하겠다는 의미다.

김 회장의 휴대전화 뒷번호는 '1872'다. 18홀을 72타에 친다는 말이다. 김 회장은 80대 중반을 치고 베스트 스코어가 75타다. 그는 그러나 54세에 늦깎이 창업으로 성공한 것처럼 골프에서도 72세에 72타를 치는 에이지 슈터가 되겠다는 꿈을 전화번호에 담았다고 한다. 늦은 나이까지도 골프에 대한 열정을 이어가겠다는 그의 다짐이 느껴지는 대목이다.

김 회장은 벤처 신화에 도전장을 던진 청년들이나 제2의 창업을 준비하는 기업가들에게 전하는 말이 있다. 그들은 더 빨리, 보다 안정적으로 성공하기를 바란다는 것이다. 하지만 김 회장은 젊은이들에게 '너무 일찍 알려고 하지 말라'고 말한다. 김 회장은 수년 전 자신이 직접 펴낸 에세이집 《35년 걸렸습니다》에서도 '지나간 시간과 세월을 너무 조급하게 생각하지 말고 여유롭게 살자'라는 메시지를 담고 있다. 그의 역설적 화법이 주는 여운이 묘하다. 앞서 가도 모자랄 판에 조급하게도, 일찍 알려고도 하지 말라고? 김 회장은 그에 앞서 시장에 내놓으려는 제품이나 서비스만 챙길 것이 아니라, 제품이나 서비스가 시장의 수요자들에게 어떤 가치를 줄 것인가를 먼저 고민하라고 말한다. 김 회장은 골프라는 스포츠를 대중에게 놀이 형식으로 표현했다. 골프도 하나의 놀이, 휴식, 만남을 제공할 수 있다는 삶의 여유라는 가치를 제공한 것이다.

김 회장의 이런 성공은 자신이 좋아하면서도 하고 싶은 일을 사업으로 연결시켰기 때문에 가능했다. 그에게 가장 훌륭한 첫 번째 고객은 바로 나 자신이었다. 한국사회에서 '골프=귀족 스포츠'라는 고정관념이 여전히 잔존한 상태에서 스크린 골프라는 형태의 새로운 트렌드가 골프에 대한 진입장벽을 낮춘 건 분명하다.

그럼에도 불구하고 창업 15년 만에 한때 시가총액 1조 원에 달하는 기업으로 성장시킨 김 회장은 '내가 좋아하고 잘하는 것은 무엇인가', '나의 재능을 발휘할 수 있는 직업은 무엇인가'를 고민했다. 그리고 재능을 직업과 연결시키기 위해 앞으로 무엇을 해야 하는가를 누구보다 잘 실천한 사람이다.

     ❝자신이 무엇을 잘하는지, 관심 있어 하는지 정확히 하는 사람은 사실 드물다. 그저 어림잡아 알 뿐이다. 답을 구하기 위해선 일정 시간 자신과의 대화가 필요하다. 그리고 답을 구했다면 김 회장처럼 과감한 행동이 필요하다. 행운의 여신은 나를 정확히 알고, 그것을 사업화시키는 사람의 편이라는 사실을 기억하자.❞

본질을 알 때까지
연구해라

....
....
....

"3번 이상 질문하고 답을 찾다 보면 본질을 파악할 수 있다."

명장, 고수, 베테랑, 장인….

보통 사람이 올라갈 수 없는 경지에 오른 사람을 부를 때 사용하는 단어다. 종종 TV에서 이런 사람들을 찾아가 인터뷰한다. 인터뷰에서 지금 하는 일에 대한 본질을 물어보면 마치 기다렸다는 듯 술술 풀어낸다. 유심히 지켜봐도 연출한 느낌보다 평소 정립한 나름의 철학이라 생각된다. 그리고 저 정도 경지에 올라서기 위해 얼마나 많은 인고가 있었는지 짐작할 수 없기에 고개가 숙여지고 존경과 찬사를 보낸다. 본질을 알고 정립하는 건 비단 장인들의 전유물은 아닐 것이다. 사업에도 본질을 아는 사업가와 그렇지 못한 사업가는 천차만

별이다. 사업 아이템 또는 사업 분야에 본질을 알면 고객을 정확히 정의할 수 있고, 그 안에 이루어지는 수많은 인과관계를 이해할 수 있어 사업에 여러 가지로 유리하다. 문제는 본질을 알 때까지 연구하는 일이 쉽지 않다는 점이다. 특히 본질을 알아가기 위해 '왜'란 질문을 지독하게 물어야 하기 때문이다.

제과제빵 분야를 예로 들어보자. 대기업들의 유통 및 물량 공세 속에서 동네 제과점들은 대부분 문을 닫았다. 이런 가운데 반세기가 넘는 세월 '빵'이라는 하나의 아이템만으로 보란 듯이 성장세를 구가하며 유명세를 타는 기업이 있다. 이 기업은 대기업을 이기기 위해 빵에 대한 본질을 얼마나 연구했을지 짐작이 가지 않는다.

'대전에 가면 성심당이 있다.'

체인점을 내지 않기로 유명한 임영진 로쏘㈜성심당 대표의 이야기다. 임 대표는 2013년 제과점업계의 오랜 관행을 깨고 국내에서 처음으로 본점 바로 옆에 빵과 케이크를 분리한 케이크·디저트 전문점 '성심당 케이크 부띠끄'를 개장했다. 이듬해 국내 한 대형 백화점의 지점, 주로 명품 브랜드들이 입점하는 1층에 '성심당 케이크 부띠끄'를 냈다. 백화점 1층에 통상 단위 면적당 효율이 높은 명품 화장품 매장과 명품 브랜드를 비롯해 구두, 시계 등 액세서리 잡화점이 입점하는 트렌드를 감안하면 파격적인 시도다. 빵과 케이크의 본질적 차이를 인식한 임 대표가 국내에서 가장 먼저 소비자들에게 제대로 된

디저트 전문점을 접하게 하겠다는 그만의 통찰력에서 나온 발상이다. 그는 어떻게 업계의 오랜 관행을 깨고 빵과 케이크를 분리해 판매할 생각을 했을까?

사실 이 위험하면서도 실패할 수도 있는 도전적 발상은 결과적으로 수요자들에게 먹혀든다. 임 대표에게 빵은 삶 그 자체다. 현재 국내 관련 업계는 대부분 빵과 케이크를 한 곳에서 판다. 임 대표는 그러나 이를 한 곳에서 파는 문화는 한국밖에 없다고 말한다. 빵은 '만든다'고 하지만, 케이크는 '그린다'고 표현할 만큼 두 종류가 제조과정 등 모든 면에서 다르기 때문이다. 2016년 현재, 꼬박 60년의 역사를 지녔다. 사람으로 치면 환갑이다. 흔들림 없이 한 곳에서 그 긴 세월을 보냈다. 성심당은 임 대표의 양친이 1956년 대전역 광장 한쪽에서 천막을 치고 장사를 시작한 것이 모태다. 임 대표가 우리 나이로 세 살이던 당시, 양친은 역 광장 한쪽에서 나무 팻말로 '성심당'이라는 글자를 새기고 찐빵을 팔기 시작했다.

이북 출신인 양친은 1950년 한국전쟁 당시 1·4 후퇴 때 흥남부두에서 메러디스 빅토리호를 타고 극적으로 거제도로 피란을 나올 수 있었다. 거제도까지 2박 3일 간 수용인원 2000명의 7배에 달하는 1만 4000여 명의 피란민을 태운 빅토리아호 갑판 위에서 임 대표의 가족을 비롯한 피란민들은 살기 위한 투쟁을 했다. 이때 임 대표의 선친은 결심했다고 한다. 살아남기만 한다면 앞으로 남을 위해 살겠다고.

대전에 정착한 양친은 성당 신부에게 밀가루 2포대를 지원받아

찐빵집을 열었다. 지금은 그 아들인 임영진 대표가 운영하고 있다. 현재 임 대표의 아들도 이 회사 대리로 근무하고 있다. 3대째 가업을 잇고 있다. 선친은 매일 팔다 남은 빵을 복지시설, 양로원 등에 기부하기로도 유명했다. 임 대표는 선친을 회상하며 이웃에 굶는 사람을 보면 어머니가 찐빵을 만들려고 남겨 둔 밀가루 살 돈으로 도와주기도 했다. 이때부터 이어 온 기부문화는 지금도 아들인 임 대표가 그대로 실천하고 있다. 잘 나가던 성심당도 한때 위기가 있었다. 임 대표가 대학 1년 때 빵을 만들어야 하는 직원 5명 전원이 급여 인상 문제로 반기를 들며 모두 출근을 하지 않았다. 이 일은 나중에 임 대표가 본격적으로 경영에 참여하게 된 직접적인 계기가 됐다. 임 대표는 그동안 어깨 너머로 배운 솜씨를 발휘했다. 혼자 책을 보며 반죽을 하고 빵을 만드는 등 고민과 연구를 거듭했다. 직원들의 집단 출근 거부가 임영진 대표에게는 위기가 아닌, 기회가 되는 순간이다. 주위에 널려 있을 법한 '빵집'을 달리 보기 시작한 것도 이때였다. 창업 50주년을 1년 앞둔 2005년 발생한 공장 화재는 회사의 최대 위기였다. 임 대표와 일부 직원들은 당시 화재 현장을 보면서 가슴이 미어졌다. 이대로 50주년을 넘기지 못할 것으로 생각했다.

직원들은 뭉쳤다. 지역에서 성심당의 정체성을 찾겠다는 열의가 발동했다. 빵 하나로 지역에 문화를 만들어 온 공든 탑이 무너지는 걸 두고 볼 수만은 없었다. 환갑을 맞은 2016년 초 임 대표를 만났을 때 그는 큰 고비를 넘기고 문화적 가치에 대한 자부심이 짙게 배어 있었다.

"성심당은 대내외로 많은 변화와 발전을 겪었고, 대전을 대표하는 로컬 브랜드로 성장하며 창업 60년을 맞았다. 세월이 흐르면서 세련되고 멋진 빵집이 아닌, 대전시민에게 있어서만큼은 고향과 같은 지역 정서와 이미지를 담은 빵집이면서 창업주의 정신이 담긴 빵집이어야 함을 알게 됐다."

60년 전 부모님이 시작한 성심당은 2016년 현재 직원 수 300여 명에 매출 300억 원을 넘어섰다. 빵 하나로 지역 대표 중견기업을 넘어 전국적인 우량 강소기업으로 성장했다. 1억 원이 넘는 연봉을 받는 직원만 4~5명 정도다. 업계에서는 이례적이다. 매년 적게는 160명에서 많을 땐 400여 명의 중국 제과제빵 종사자들이 인천공항에 도착하면 곧바로 여러 대의 버스에 나눠 타고 대기업이 운영하는 곳이 아닌, 대전에 있는 성심당을 찾아 견학을 하고 갈 만큼 중국인들도 주목하는 기업이 됐다. 시민들조차 '대전의 자랑, 성심당!'이라고 말할 정도다. 성심당은 1956년 대전역 앞 작은 찐빵 집으로 시작해 지금은 줄을 서서 먹는 맛집이 된 지역의 명물, 지역의 문화가 됐다.

임영진 대표는 유통업계의 룰을 깨고 백화점 1층에 케이크 전문점을 입점시켰다. 보다 정확히는 사물의 본질을 연구하고 새로운 트렌드를 제시했다. 이는 '빵과 케이크가 왜 한 곳에 있어야 하는가?'에 대한 의문에서 출발했다. 임영진 대표는 빵과 케이크에 대한 본질적 차이를 고민했다. 그 습성의 차이를 보여주고 싶었다. 그래서 관행을 깨고 이를 분리하는 새로운 시도를 했다. 본질을 파고드는 습성이 무엇인지 보여준 셈이다.

임 대표의 또 다른 성공 비결은 끊임없는 연구, 신제품 개발, 시식 코너 운영이다. 성심당의 대표 상품은 1500원짜리 튀김 소보루다. 가격이 다소 비싼 편이라는 생각이 들 법도 하지만 한입 베어 물면 다르다는 것이 소비자들의 평이다. 맛에서 진정성이 느껴진다는 평도 이어진다. 소비자들은 기꺼이 지갑을 연다. 그리고 당일 생산, 당일 배송, 당일 처리를 원칙으로 사업을 하고 있다. 이건 성심당 60년 원칙이다.

사람들은 성심당 빵을 먹으면서 좋아한다. 빵을 사 먹기 위해 주말엔 가족단위 소비자들로 성심당은 문전성시를 이룬다. 대전을 찾는 타지역 관광객들조차 성심당 빵을 사 먹기 위해 이곳을 방문할 정도다.

1. 본질을 알 때까지 고민하라
2. 끊임없는 신제품 개발
3. 시식코너 운영
4. 맛에 진정성을 담다

임영진 대표는 직원들이 출근을 집단 거부해 문을 닫아야 할 위기가 닥쳤을 때 이를 오히려 기회로 삼았다. 부모님 곁에서 도와주기만 했던 임 대표는 이 일을 계기로 본격적으로 경영 일선에 나선다. 위기를 기회로 삼는 과정에서는 또 다른 기회를 만들었다.

배운 것을 잃어버리려 하지 않으면서도 하나의 목표를 가지고 꾸준히 나아갔다. 사람들이 성공하지 못하는 이유에는 내 곁에 숨어 있는 기회를 잡지 못할 때와 처음부터 한길로 나가지 않기 때문이라는 게 임영진 대표의 지론이다. 18세기 영국의 정치가이자 문인인 벤자민 디즈레일리는 '최선을 다해서 나간다면 쇠라도 뚫고 만물을 굴복시킬 수 있다'고 했다.

성심당을 보면 60년 원칙을 지키면서 변화하는 단단한 거북이 같다는 느낌이 있다. 단순 거북이가 아니고 스마트하고 빠른 거북이 말이다. 그 이유는 빵 또는 케이크 더 나아가 사업이라는 본질을 끊임없이 고민한 임 대표의 노력이 아닐까 생각된다.

❝ 지금 사업을 하고 있거나 사업을 고민 중이라면 물어보고 싶다. 당신의 사업 또는 일, 아이템의 본질은 무엇입니까? ❞

진지한 사명이 있다면
무엇이든 극복한다

"확고한 비전과 목표가 미래를 바꾼다."

"'절대적 절망', '절대적 불가능', '절대적 사익'이 없었다. 오로지 불가능을 절대적으로 부정함으로써 절망에 빠지지 않고 포스코를 세계 공기업 사상 유례없는 기업으로 일궈냈다."

송복 연세대 명예교수는 고(故) 박태준 포항제철(현 포스코) 명예회장의 경영철학과 리더십을 이같이 평가했다. 박 회장은 남다른 애국심과 사명감을 바탕으로 자신의 기업이 아닌 국영기업을 세계적인 기업으로 만든 아주 특별한 기업가다. 그의 대표적인 어록은 우향우 정신으로 알려진 "포항제철소를 못 지으면 모두 영일만에 빠져 죽자"가 있다. 과거 중국 덩샤오핑이 신일본제철을 방문해 중국에 제철소

건립을 요청한 적이 있다. 그러자 신일본제철 회장은 "중국에는 박태준이 없어 불가능하다"라고 웅변한 일화가 있다. 그만큼 박태준 회장은 사명감의 표본이다. 박태준 회장은 구성원들이 모두 공유할 수 있는 사명을 심어 준 인물이기도 하다.

종종 뉴스에서 오직 돈만 벌기 위해 고객의 재산은 물론 건강까지 빼앗는 일도 볼 수 있다. 사명이 돈이니 돈만 벌면 끝이라는 생각이고 수명은 짧기만 하다.

반대로 기본이 바로선 기업가가 운영하는 회사가 잘못될 리가 없다. 기본이 바로선 기업가란 초심(初心)을 잃지 않고 기업을 운영할 것이며, 고객은 물론 직원들을 위한 기업경영활동을 할 것이기 때문이다. 정리하면 '혼(魂), 창(創), 생(生)'이 살아 있는 기업이다. 이 '혼, 창, 생'은 진지한 사명이 있는 기업가만이 만들 수 있다.

화재나 재난재해용 구호장비인 산소 호흡기를 개발해 판매하는 벤처기업 카이렌 백종태 대표가 있다. 그의 신념이 바로 '혼, 창, 생'이며 "혼(魂)을 불어넣고 창의(創意)적 사고로 생명(生命)을 구한다는 각오로 히든 챔피언 기업을 만들겠다."며 명확한 비전도 함께 가지고 있다.

2년 전 처음 만난 자리에서 백 대표가 꺼낸 첫마디는 '세월호 참사'였다.(그와의 첫 만남은 2014년 4월 16일 세월호 참사가 발생한 후 20여

일이 지난 때였다)

"여객선 침몰 사고는 민족사의 큰 오점이며, 세월호 선장은 대한 민국이라는 큰 배가 잘못 가고 있다는 오늘날의 상징적인 인물이다."

이 사고를 접하고 백 대표는 보다 강한 신념과 사명감을 갖게 됐다. 바다에서는 참담한 일이 일어났지만 한국 사회가 이대로 가면 육지에서도 제2, 제3의 대형 사고가 일어날 수도 있는 경각심을 가져야한다고 했다. 육지에서 가장 무서우며 대형사고로 이어질 수 있는 것이 바로 화재, 더 정확히는 이로 인한 연무(煙霧)인 유독가스라는 것이다.

그는 2010년부터 산소호흡기 개발에 매달려 왔다. 현 시장에서는 필터가 부착된 방독면 등의 제품이 상용화되어 있지만 생명을 완벽하게 지켜줄 수 있는 보다 완벽한 제품을 만들겠다는 각오로 시작했다. 세월호 사건이 터지기 전에 완성했지만 새로운 혼을 제품에 불어넣었다.

그래서 탄생한 것이 2014년 초 첫 상용화한 비상대피용 산소호흡기다. 제품 개발에 꼬박 4년을 투자했다. 벤처기업 카이렌을 새로 만들었다. 백 대표가 만든 제품명 역시 기업명을 딴 '카이렌(CAIREN)'이다. 심장을 뜻하는 영어 '카디악(Cardiac)'과 '사이렌(Siren)'의 합성어다. 몸의 가장 중요한 장기인 심장, 생명을 살린다는 의미를 담고있다. 그의 사명감과 철학을 엿볼 수 있는 대목이다. 이 산소호흡기에는 자체 산소통과 마스크가 부착돼 있다. 산업현장에서 허리에 메고 근무할 수 있어 휴대가 간편하다는 점이 가장 큰 특징. 여기다 착용시간을 최소화시켜 줄 수 있는 타임베이스 시스템을 적용했다. 이 제품은 국내 제철소나 조선소 같은 중공업 분야 산업현장에서 주로 쓰인다.

백 대표가 초심을 잃지 않고 생명 구조용 호흡기 제품을 개발하면서 한시도 잊지 않는 철학이 바로 '깨끗한 산소로 당신을 구하겠다'는 것이다. 그가 개발한 1호 제품 역시 여기에 착안해 만들었다. 통상 화재가 발생할 경우 단 1분 만에 유독가스에 노출돼 생명이 위험해질 수 있다. 그가 만든 제품은 5분 동안 산소를 공급할 수 있다. 즉 생명을 구할 수 있는 골든타임 때 충분히 대피할 수 있는 시간적 여유를 준다는 것이다.

백종태 대표는 1호 제품 외에도 조끼처럼 입을 수 있는 대피용 산소호흡기를 비롯해 일반 가정용, 지하철 등에서의 재난 대피용 산소호흡기 개발도 완료했다. 상용화까지는 2년이 더 걸린다. 하지만 그는 연구 개발에 더 많은 시간을 투자한다.

백 대표가 개발한 제품은 생명을 구할 수 있다는 사명감의 산물이다. 거기에 창의적 사고를 통해 혼을 불어넣는다. 그는 기업경영에서 남을 위해서라거나 거창하게 국가를 위해서라기보다 나 자신이나 내 회사를 위해서 어떠한 마음가짐으로 기업을 운영하는 것이 옳은지를 보여준다. 내 가족의 생명을 구한다면? 그런 정신이 제품 개발 과정에 녹아든다면? 백종태 대표가 개발하는 제품이 그 자체로 혼이 담긴 산물이라는 걸 쉽게 알 수 있다.

백 대표는 (주)CIJ라는 통신부품 조립분야 벤처기업을 하나 더 갖고 있다. 하지만 산소호흡기 제조사인 카이렌에 더 열정을 보인다. 나름 잘 나가는 벤처기업 사장이란 직함을 버리고 비상대피용 산소호흡기를 만들었을 때 그는 돈을 벌기 위한 목적이라기보다는 '이거다'라는 생각이 앞섰다. 누군가 해야 하는 일이고, 자신이 가장 적임자이기에 뛰어들었다. 기업가는 이윤 추구를 해야 한다. 하지만 그건 결과물일 뿐 목적이 되지 못한다.

백 대표는 제품 개발 초기에 산소호흡기로 수익 모델을 만든다는 것 자체가 쉽지 않았기에 매월 초 직원들의 월급을 걱정해야만 했다. 그는 지금도 돈보다 공익이 중요하고, 돈 때문에 일 하지 않는다고 강조한다. 사명감으로 일한다. 이윤은 최선을 다 했을 때 따라 오는 결과물일 뿐이라는 것이다. 백종태 대표는 자신이 개발하는 제품에 그렇게 생명과 혼을 불어 넣고 있다.

숱한 고난을 이기게 해 준 진지한 사명을 어떻게 만들어야 할까? 두말할 것 없이 사람을 중심으로 사업을 해야 한다. 백 대표 역시 모든 중심에 사람이 있기에 지금과 같은 성공을 이룰 수 있었다. 사업가가 기본을 버리는 대부분의 이유는 사람을 포기하기 때문이다. 이윤 창출은 벗어날 수 없지만 사업의 근본은 사람에 두자.

두 번째는 명문화를 해야 한다. 거창하지 않아도 좋다. 단 초심을 유지하기 위해 명문화시켜야 한다. 사장실을 방문하면 자신의 사명을 명문화시킨 걸 꼭 볼 수 있다. 초심을 유지하기 위한 그들만의 노력이다. 타인의 시선을 의식하고 명문화시켜라.

" 모든 기업에는 사업가의 철학이 담겨있다. 이 철학이 사명으로 나타난다. 사명은 위기를 넘기게 해 주고 자신이 사업하는 이유를 명확히 해준다. 정말 나에게 맞는 사명을 붙잡고 끝까지 갈 수 있다면 멋지고 화려한 사명이 아니어도 괜찮다. 그 사명이 사업에 별이 되어 줄 것이다. "

사랑하는 사람처럼,
와인잔 다루 듯 다루어라

"변하지 않는 가치를 아끼고 존중하라"

"와인잔을 다루듯 열과 성을 다해 철을 다뤄야 한다."

와인잔과 철(Steel). 왠지 공통점이 없어 보이는 이종접합(異種接合)이다. 우리가 알고 있는 와인은 고풍스러운 분위기와 마시기 전 와인에 대한 예의로 복잡한 절차를 거친 후 마신다. 그런 와인을 담는 와인잔에 우리 생활에 꼭 필요하지만 딱딱하고 차가운 느낌의 철과는 어울리지 않는다. 하지만 이종접합은 새로운 탄생을 전제하는 법이다. 철을 와인 잔처럼 다루라 말한 유재욱 회장이 운영하는 (주)오성철강이 그런 존재다.

사업가는 자신이 영위하는 사업장의 사업 아이템을 무엇보다 사랑해야 한다. 사랑하는 애인처럼, 때론 얇은 와인잔을 다루 듯한다. 생각해보라. 자신의 사업 아이템을 애인 다루 듯하지 않고, 그저 그런 사업의 수단이자 도구로만 바라본다면 치열한 경쟁구조 속에 사는 사업가는 얼마나 피곤할지를 말이다. 유 회장은 철을 애인 다루 듯, 손안에 귀여운 아이 달래 듯 철을 사랑하는 사람이다.

유 회장은 한국전쟁이 나기 1년 전 서울에서 태어났고, 전쟁 발발 이후 1953년 휴전 때까지 당시 피난촌이 있던 낙동강 구포다리 밑에서 살만큼 어린 시절 처절한 가난을 겪었다. 구포다리를 소재로 한 영화 〈국제시장〉을 보고 남 얘기가 아니기에 눈시울을 붉혔던 그다. 그런 그가 지금은 매출 1000억 원이 넘는 철강회사를 경영하는 기업가가 됐다. 그가 철과 인연을 맺게 되는 계기도 독특하다. 군대를 제대한 후 여러 곳에서 일하며 모은 돈으로 20대 중반 무렵인 1972년 초 무작정 철물 공구점을 차렸다. 당시 점포를 빌려 진열대를 직접 만들고 망치와 펜치 같은 제품을 팔았다고 한다. 그러다 당시 철강업계 부동의 1위이면서 국내 재계(財界) 서열 5위권에 들던 대기업인 D사를 무작정 찾아간다. 이왕 시작한 철 관련 사업이니, 당시 국내에서 가장 큰 기업을 찾아가 배우겠다는 근성이 발동했다. 유재욱 회장과 D사 고(故) J 명예회장과의 30년 인연이 시작되는 순간이다. 영화 같은 만남이면서 지금 생각하면 막무가내 같은 만남이다.

D사는 1970년대 말쯤 전국에 철강 물류유통망을 갖추는 계획을

추진한다. 이 무렵 D사는 부산, 대구, 대전, 광주 등 전역에 자사가 생산한 제품을 각 지역에 관급자재로 보급하는 유통망을 갖추는 사업을 벌이고 있었다. 당시 D사의 하치장을 따내려고 전국에서 내로라하는 철근업체들이 소위 '국회의원 인맥'까지 동원하며 로비를 벌이던 시절이다. 하지만 학연, 지연 등 연줄이 없던 유재욱 회장은 자신감 하나만 가지고 D사 주변을 계속 맴돌았다.

유재욱 회장의 열정과 근성을 눈여겨본 D사 J명예회장은 그에게 D사의 (중부권) 철강물류 하치장을 맡긴다. 유재욱 회장은 곧바로 기존의 중부 철재 상사를 오성철강(주)으로 법인 전환했다. 기업을 시스템화하기 시작한 것이다. 지금도 오성철강은 본사 외벽에 D사 하치장이라고 표시해 놓고 있다.

유재욱 회장은 D사의 철강물류 하치장에 선정되기에 앞서 J명예회장과 독대하던 날을 지금도 잊지 못한다. J명예회장이 평생의 경영철학을 유재욱 회장에게 가르쳤기 때문이다.

"철이란 사람을 배반하지 않는다. 사람이 돈을 벌면 철을 배반할 뿐이다. 사랑하는 여인처럼 와인잔을 다루 듯 철을 사랑하고 다뤄라."

1. 돈을 벌면 다른 일에 시간과 열정을 빼앗기지 마라.
2. 모든 건 현장에 답이 있다. 와인잔을 다루 듯 열과 성을 다해 철을 다뤄야 한다. 철은 절대 사람을 배반하지 않는다.

J회장이 유재욱 회장에게 준 가르침이다. 유재욱 회장은 창업한 지 42여 년이 흐른 지금도 각종 단체의 회장직 제의를 수도 없이 받지만 모두 고사한다. 오로지 사업에만 몰두하며 '철 사랑' 외길을 걷고 있다. 사실 사물의 속성상 철과 와인잔은 정반대의 이미지를 떠올리게 한다. 철은 강함과 단단함의 상징이다. 반면 와인잔은 여인의 미소처럼 부드럽고 가볍다. 철과 와인잔을 같은 사물로 바라볼 수 있다고 생각해 보라.

유 회장이나 J회장 둘 다 기업에도 영혼이 있음을 여실히 보여준다. 기업도 인간처럼 살아 있는 유기체이며 따라서 가치관을 가지고 있어야 생명력이 있다는 것이다. 이 가치관의 유무에 따라 영혼이 있는 기업과 그렇지 않은 기업이 구분된다. 핵심가치는 기업의 존재 이유고, 정신이라고 말할 수 있다.

유 회장은 40년 넘게 기업을 경영하면서 이 같은 원칙을 고수했다. 무한 애정을 갖고 철을 와인잔 다루 듯하는 독특한 원칙을 지켰다. 이런 기준으로 한 행동은 결국 질적인 성공을 보장했다. 원칙을 지키는 순간에는 크고 작은 피해를 볼 수 있지만 만사가 순조로울 때 원칙을 지키는 것은 그다지 어렵지 않다. 하지만 원칙의 힘은 어려운 상황에서 나온다. 스티븐 코비 박사의 말처럼 원칙은 수시로 변경 가능한 지도가 아니라 어떤 상황에서든 항상 정북을 가리키는 나침반이어야 한다는 것이다.

철을 다루는 유 회장의 이미지는 한마디로 '부드러움'이며, 전형적인 '외유내강' 형으로 통한다. 겉모습만 보면 '스마일맨' 이미지가 강하지만 내부에는 강철 같은 '아이언맨'의 카리스마가 숨어 있다는 것이 그를 접해 본 사람들의 전언이다. 철을 와인잔처럼 바라보는 그만의 역설적인 경영 철학이 배어 있다.

그는 평소 부드러움이 강함을 이길 수 있다고 말한다. 그는 창업이나 사업을 쉽게 생각하는 사람들의 안일한 태도에 대한 일침도 잊지 않는다. 그 역시 강한 속성을 지닌 철을 다루는 CEO이지만 부드러움의 속성을 지니지 못하면 한낱 장사꾼에 지나지 않는다는 것이 그의 생각이다.

" 성공하고 싶거나 부자가 되기를 바란다면 이윤(돈)이나 자신의 사업 아이템에 대한 시각부터 바꿔야 한다. 점점 돈이나 사업 아이템에 대한 가치는 중요해진다. 성공의 길은 내 안에 있다. 그런데 사람들은 그걸 바라보지 못한다. "

트렌드를 타지 말고
트렌드를 만들어라

"소비자가 되지 말고, 유행을 만드는 사업가가 돼라"

비즈니스 세계에서 트렌드를 쫓는 건 이미 늦었음을 전제한다. 그래서 수많은 비즈니스 구루들은 트렌드를 만들어나가라고 조언한다. 문제는 트렌드를 만드는 일이 쉬운 작업이 아니다. 트렌드를 만들기 위해선 우선 소비자와 적당한 거리가 있어야 한다. 소비자와 너무 멀어도 생소한 제품이 될 수 있고, 자주 볼 수 있는 제품이면 신선도가 떨어져 트렌드는 될 수 없다. 또한 마케팅도 쉬운 작업이 아니다. 새로운 걸 만드는 일이니 크게 확산되지 않는 이상 트렌드시키기는 어렵고, 마케팅이 현란해도 고객은 '마케팅 빨'이라며 의심을 보낸다. 이외 다양한 어려움으로 트렌드를 만드는 일은 쉽지 않다. 얼마 전 유행했던 H과자 역시 철저한 조사와 마케팅 그리고 운도 합쳐 트렌드가 될 수 있었다. 즉 트렌드를 만든다는 건 여러 가지 여건이 성숙되어야만 가능하다.

그럼 트렌드에 가장 민감한 곳은 어디일까? 두말할 것 없이 패션계다. 패션계는 오전, 오후, 저녁이 다를 정도로 트렌드가 변하는 곳이다. 15년 전부터 가구에도 패션 바람이 불었다. 지금은 가구의 기능은 물론 패션도 함께 입히는 중이다. 가구에 트렌드를 만든다는 건 패션을 이끌고 간다는 뜻이다.

한때 우리나라 가구 업계에서는 글로벌 가구업체 I사의 국내 진출에 대한 경계심이 단단히 발동한 적이 있었다. 하지만 처음 우려와 달리 최근 우리나라 성인 10명 중 4명이 가구매장 I사를 방문한 경험이 있다는 한 연구원의 조사 결과가 나오기도 했다. I사에 대해 우리나라 소비자들은 가구를 오랫동안 사용하는 제품이라기보다는 '유행에 따라 교체하는 제품', 필요할 때 구매하는 것이 아니라 '평상시 관심을 갖고 둘러보는 제품', '유행에 민감한 제품' 등으로 평가했다. 이 연구원은 가구에 대한 소비자들의 인식전환이 이뤄지고 있다고 판단했다.

I사의 마케팅 전략은 차치하고, 국내 소비자들의 인식 전환이 이뤄졌다면 왜 그랬을까를 생각해본다. 한때 국내 가구업계는 보편적이며 단순함을 추구하는 시절이 있었다. 하지만 가구도 의상이나 패션처럼 유행에 민감할 수 있다는 걸 I사가 보여준, 아니 국내 상륙하겠다는 화두 하나만으로도 국내 가구업계의 흐름을 바꿔놓았는지도 모

른다. 우리나라 가구업계 역시 I사가 국내 진출하는 걸 마냥 손 놓고 기다리지는 않을 만큼 현명한 기업들이 분명 있다. H사, C사 등 국내 가구업계 대기업들은 발 빠른 대응전략을 세웠다. 그런데 이중 한 중소기업 CEO가 눈에 들어온다.

최근 가구시장에서 매년 20~30%의 매출 신장을 구가하고 있는 원목가구업체 (주)인아트의 엄태헌 대표다. 사실 인아트는 2000년대 초반 세워진 가구업계 후발주자다. 튼튼하고 멋스러운 원목을 소재로 DIY(가정용품을 직접 제작 수리 장식) 시장에 도전했다. 말레이시아와 인도네시아에서 원목을 가공하고 수출하며 한국 공장에는 맞춤형 가구를 생산하고 있다.

인아트는 '자연을 닮은 가구' 카피로 시장을 석권해 나가기 시작했다. 단기간에 급성장을 이루면서 가구업계에선 가장 '뜨거운' 기업 중 하나다. 그렇다고 불황에도 견딜 수 있는 저가형 제품을 취급한 것도 아닌데, 꾸준히 성장한 비결은 무얼까. 엄태헌 대표는 글로벌 가구업체인 I사가 들어오기 전 가구에 대한 소비자들의 인식 전환을 꾀했다. 단순히 보편성과 단순함을 추구하는 국내 가구시장에서 각 공간에 맞는 트렌드를 찾아 '풀 컨셉'을 선보였다. 가구 제품을 하나의 단품으로 인식하지 않고 부엌, 거실, 안방 등 각 공간에 맞는 가구를 인아트가 짜 맞춰 배치했다. 아파트 내부를 인아트가 제작한 소파, 탁자, 의자 등으로 인테리어 하다 보니 어느 순간 집 한 채가 '인아트 풀 컨셉'이 돼 있더라는 것이다.

여기서 또 한 가지. 인아트가 추구하는 제품은 그동안 원목가구 업체들이 써 온 단순한 원목이 아니다. 바로 두툼한 원목을 쓴다. 고무나무 집성재를 원료로 두께가 일반 원목가구의 두 배 이상 되는 원목을 쓴다. 인아트의 원목제품이 일반 중밀도 섬유판(MDF)이나 합판에 무늬목을 씌운 제품보다 비싼 이유이기도 하다.

그러면서 엄태헌 대표는 원목이라는 목재가 갖고 있는 소재의 특성을 그대로 살렸다. 그것이 바로 '자연주의'를 강조하는 인아트다. 원목의 경우 자체의 질감과 무늬결을 갖고 있어 자연 그대로의 아름다움을 느낄 수 있다는 점을 살린 것이다.

1. 트렌드에 끌려가는 소비자가 아닌, 트렌드를 만들어가는 사업가
2. 두툼한 원목을 사용-가격이 비싸더라도 실용적이면서 친환경적인 제품 생산
3. 모든 제품을 직접 소싱하고 디자인 및 제작-장식 없애고 선과 면만으로 간결함 추구
4. 중·상류층 소비자를 중심으로 확실한 타깃층 공략

현재 엄태헌 대표가 직접 디자인한 '앤디 시리즈'는 동남아시아는 물론 미국, 중국 등지에서 큰 인기를 얻고 있다. 그는 가구에 대한 이해 없이 어떤 일도 시도하지 말라고 말한다. 정말로 한 분야에 뛰어들고 싶다면 해당 분야에 대한 지식과 이해 없이는 어렵다는 것이다. 예컨대 패션을 좋아한다면 복식사부터 한 걸음씩 천천히 시작하는

게 좋을 것이다. 그래야 자신이 알고 있던 기존의 패션과는 다르게 보일 것이다. 그만큼 성공 확률을 높일 수 있다.

수년 전쯤으로 기억된다. 한 지인이 술자리에서 고민을 털어놓은 적이 있다. 당시 고교 2학년인 딸아이가 잘 다니는 인문계 고등학교를 자퇴하고 특성화고에 재입학하고 싶다는 거였다. 자식을 키우는 부모 입장에선 귀가 솔깃해질 수밖에 없는 주제다. 이유인즉슨, '패션' 분야가 좋아 의상 디자인을 배우고 싶은데, 인문계 고교에서는 할 수가 없다는 거였다. 그런데 대화가 길어지면서 그 아버지의 마음을 조금은 이해할 수 있었다. 그 딸아이는 외모나 의상에 너무 치중하다 보니 사실 '패션'을 좋아하는 게 아니라, '쇼핑'을 좋아하는 거라며 웃었다. 그래서 딸아이를 쉽게 설득시키지 못하고 있다며 한 걱정을 했다.

그 지인과는 아주 상식적인 대화를 주고받으며 술자리를 끝냈다. 딸아이에게 자신이 제일 좋아하는, 그러면서 관심 있어 하는 분야를 찾아 그 분야에서 최고까지는 아니어도 모든 걸 알 수 있을 정도로 파고들어봐야 하지 않겠냐는 내용의 대화를 했던 기억이 난다. 느지막이 생각해보면 '패션'과 '쇼핑'의 차이는 소비자가 될 건지, 사업가가 될 건지 중대한 문제일 거라는 생각이 든다. 사실 사업가도 또 다른 사업가의 소비자이기도 하다. 하지만 사업가에게 가장 좋은 소비자는 사업가보다는 역시 직장인, 주부, 학생 등 평범한 사람들일 것이다. 그 차이는 사업하는 사람이라면 새로 유행할 트렌드를 만들어 낼 줄 알아야 한다는 것이다. 또 그 유행을 전파할 줄도 알아야 한다. 즉 사업가는 당연히 소비자의 심리를 잘 알고 있어야 한다는 것이다. 새로운 트렌드를 만들어 내려면 어떻게 해야 할까. 예측을 할 수 있어야 한다. 그렇다면 예측을 할 수 있는 방법은 무얼까. 예측은 변화하고 새로워지려는 노력이 뒷받침돼야 한다. 그건 경험에서부터 시작된다.

사실 트렌드는 대부분 선진국에서 시작된다. 사업 아이템을 구상 중이라면 후진국보다는 선진국에서 놀아야 하는 이유도 여기에 있다. 앞선 곳에서 앞선 창의적 생각을 이끌어 낼 수 있다. 남들과 다른 생각을 가지고 싶다면 당연히 남들이 접하지 않는 분야에 귀를 기울여 봐야 한다. 단순히 '이럴 것이다'라는 생각만으로는 트렌드를 이끌 수 없다. 직접 느끼고 보면 알 수 있다. 하지만 여기서 그치지 말자. 상상을 해보라. 상상의 세계가 창작품을 만들고, 새로운 미래를 창조할 수 있다.

> 그럼 상상하고 새로운 걸 주도하기 위해선 어떻게 해야 할까? 딱 한 가지만 알면 된다. 다수의 함정에 빠지지 말아야 한다. 사람은 평균을 좋아한다. 트렌드를 만든다는 건 평균을 벗어난다는 뜻이다. 자신의 감각과 생각을 믿고 끝까지 밀고 나가는 인내가 필요하다. 선구자 즉 트렌드를 만드는 사람은 자신을 믿고 가는 사람이다.

06

경험과 일상의 부분도
사업화할 수 있다

"불가능하다고 생각한 것이 가능한 것이 된다"

여름철 대표 불청객 모기. 모기 퇴치 제품을 인터넷을 찾아보면 다양한 제품들이 나온다. 그중에서 내 눈을 사로잡은 제품이 있다. 아파트 베란다 샷시 중간에 연결 부분 공간을 막아주는 모기 창이다. 샷시 중간 부분 사이즈에 따라 크기를 바꿀 수 있고 탈부착도 쉬운 아이디어 상품이다. 나 역시 일상생활에서 저 부분에 모기나 벌레가 들어올 수 있다고 생각했는데 같은 발상을 한 누군가가 벌써 제품화시키고 사업을 하고 있었다. 이렇게 놓고 보면 작은 일상에 사업 아이템이 널린 것 같다는 생각이 든다.

주부 1인 기업으로 돈을 버는 K대표가 있다. K대표는 딸에게 예쁜 인형을 만들어주고 싶은 소소한 마음으로 가정용 미싱기와 재료를 구입해 인형을 만들기 시작했다. 엄마이기에 누구보다 아이가 좋아하는 인형을 잘 알고 있었다. 처음에는 지인들에게 재료만 받고 팔다가 서서히 사업 욕심이 나기 시작했다. 책으로 SNS 마케팅 공부를 하고, 문화센터에서 DSR 카메라 찍는 기술을 배우며 정식 사업자 등록까지 했다. 이유는 세금계산서를 발행하기 위해서다. 세금계산서 발행할 때면 그렇게 좋을 수 없다고 한다. 지금 K대표는 아이와 함께 있으면서도 자기 사업을 하며 지내고 있다.

K대표는 자신의 일상에서 사업 아이템을 찾았다. 엄마이기에 아이가 좋아하는 인형을 정확히 알고, 엄마이기에 인형을 사주는 엄마의 마음을 잘 알고 사업한 것이다. 사업 원칙 중 '모르는 분야는 손대지 말라.' 한다. 우리는 일상으로 하고 있는 일이 있다. 일상의 작은 부분에서 사업을 찾아볼 수 있다.

아이와 일상을 함께하며 사업 아이템을 찾은 사업가가 있다. 바로 'TWO IN' 박태영 대표다. 회사 이름에서 알 수 있듯 하나의 큰 물병 내부에 두 개의 또 다른 작은 물병이 들어가 있는 구조여서 제품명도 '투인'이다. 이중 구조를 이용해 외부 환경에 직접 접촉되지 않아 결로를 50% 이상 줄일 수 있다. 물이나 음료 등을 넣고 마실수록 결로 현상이 줄어드는 게 특징이다. 박 대표는 2013년 12월부터 이 제품을 상용화해 판매하고 있다.

박 대표는 수년 전 이 제품을 국내 한 자치단체에서 주최하는 발명 경진대회에 출품해 금상을 차지하기도 했다. 당시 순수하게 아이디어로만 출품해 수상했다. 이후 직접 디자인, 크기, 색깔 등을 계속 수정 보완해 제품화에 성공했다. 박 대표가 이 제품의 아이디어를 얻은 경로가 재미있다. 40대 중반인 그는 최근 젊은 부모들과 달리 자녀가 5명이다. 한두 명도 아닌, 5명의 자녀들이 유치원이나 학교에 갈 때 챙겨줘야 할 물병 수를 생각해보라. 그는 5명의 자녀에게 하루에 1인당 두 개씩 보통 10여 개의 물병을 챙겨줬다. 그러다 보니 불편함을 느낀 박 대표는 이를 해결할 수 있는 방안을 고민하기 시작했다. 하나의 물병 안에 또 다른 작은 물병 2개를 넣어보면 어떨까? 그렇게 고민을 거듭하다가 연구 개발해 제품화한 것이 투인 물병이다.

그는 2012년 투인을 창업하기 전 10여 년간 접착제 제조업체를 운영했다. 당시 꽤 높은 연매출을 기록했고 40~50%의 순이익을 남길 정도로 튼실하게 회사를 운영했다. 하지만 자녀들로 인해 시작된 고민은 기능성 물병에 미치는 출발선이 됐다. 운영하던 접착제 제조업체도 접었다. 기능성 물병이 향후 시장성이 있다고 판단했다. 그동안 제조업체를 운영하며 번 돈을 모두 새로운 창업에 쏟아부었다.

창업가나 사업가들이 대개 초기에 겪는 어려움이 판로 개척과 홍보 및 마케팅이다. 박 대표 역시 이런 부분에서는 문외한이었다. 접착제 제조사를 운영할 때 도매업체들이 알아서 물건을 사 갔다. 하지만 자신이 직접 만든 아이템은 달랐다. 이 분야에 전문성을 갖추지 못하고 뛰어든 탓에 제품이 상용화되는 과정에서 사기도 당했다. 아이디어만 있으면 금형부터 제품 생산까지 제반 과정을 모두 책임져주겠다는 한 업자를 만났다. 곧바로 수억 원의 계약을 맺고 선수금을 건네줬다.

하지만 이 업자는 모양이나 색깔이 엉터리인 제품을 생산해 놓은 채 돌연 종적을 감췄다. 박 대표에게 위기가 찾아왔다. 제조업체를 운영하며 모아 놓은 돈에다 살던 집까지 팔아 연구개발 자금을 메워 나갔다. 작은 평형의 아파트로 이사를 가야 할 만큼 금전적 압박도 심하게 받았다. 박 대표에겐 새 사업을 구상하고 도전했던 일이 후회됐고, 가장 힘든 시기였다. 그럼에도 그는 끝까지 버텼다. 중국 수출 길도 열었다. L사를 뛰어넘어 보겠다는 그의 집념은 지금도 계속되고 있다.

자신이 직접 만든 아이템으로 사업을 시작하면서 박 대표는 수많은 교훈을 얻었다. 먼저 그는 불편과 필요에 귀를 기울였다. 5명의 자녀들에게 매일 아침 한 사람당 두 개씩 모두 10개의 물병을 싸준다고 생각해 보자. 이마저도 매우 번거로운 일이 된다. 그는 여기서 효율성을 극대화하는 아이템을 생각했다.

여기다 일상의 작은 부분도 비즈니스화 할 수 있다는 생각에 도달했다. 그냥 넘기지 말고 직접 만들어봐야 안다는 사실 말이다. 아이템을 제작하기 시작했다. 물론 큰돈을 떼여 가면서까지 그는 결국 아이템을 상품화하는 데 성공했다. 게다가 넘어야 할 장애물을 교훈으로 활용했다. 그리고 사람들을 많이 만나고 다양한 경험을 쌓았다. 모르는 것이 문제가 아니고, 모른다는 사실을 모르는 것이 문제다. 이를 극복하지 않으려는 건 사업가나 창업가에게 더 큰 문제다.

박 대표는 이후 동아 전람회가 주최해 열린 홈앤리빙 페어에 이 제품을 가지고 참가했고, 중국 바이어들로부터 호평을 받아 수천여 개를 수출하는 성과를 냈다. 또 국내 공중파 한 방송사의 발명 프로그램에도 출연해 '쌍둥이 물병'이란 별칭을 얻으며 인지도를 넓혀 가고 있다. 넘어야 할 장애물을 교훈으로 잘 활용한 것이다. 그는 지금도 끊임없이 연구하며 물병의 무게를 줄이는 문제부터 색깔, 디자인 등을 계속 수정 보완해 가고 있다. 박 대표는 생활 속에서 사람들이 불편함을 느낌과 동시에 보다 편리함을 갖출 수 있는 게 무언지를 고민했고, 이를 수익을 가져다 줄 아이디어로 연결했다. 5명의 자녀에게 물을 챙겨주던 경험을 비즈니스로 실행했다.

그럼 경험, 일상에서 아이템을 찾을 때 가장 중요한 건 '무엇이든 얕보지 말라'이다. 물병은 흔하고 흔한 제품이다. 만약 물병을 얕본다면 사업화시킬 수 없다. 일상의 아이템은 얼마나 진지하게 접근하느냐에 따라 사업화시킬 수 있다. 일상을 조금만 더 진지하게 접근해보면 아이템이 나올 수 있다.

〝사업에서 아이템을 찾는 방법은 사람을 만남으로 인해서도 얻을 수 있다. 뭐든 새로운 것을 얻을 수 있는 것은 새로운 사람을 만나는 것이다. 타인이 자신보다 더 정확히 나를 파악하는 경우가 종종 있다.

다양한 경험에서 풍부한 아이디어가 나오는 것도 그 이유다. 다만 아이디어가 풍부해도 실천력이 없다면 아무 일도 할 수 없다. 아이템과 실행 중 더 중요한 걸 꼽으라면 바로 실행일 것이다."

07

아이디어는
일상에서 나온다

"모호한 일상 속의 소소한 자극들을 차곡차곡 메모하라"

우리는 종종 특별한 아이디어보다 일상생활에서 나온 아이디어가 혁명적인 일을 일으키는 경우를 볼 수 있다. 일상생활에 흔히 쓰는 주름 빨대가 그렇다. 주름 빨대를 처음 발명한 사람은 아들을 사랑하는 어머니다. 많은 사람들이 아픈 아들이 우유를 불편한 자세로 먹자 빨대에 주름을 넣고 발명했다고만 알고 있다. 하지만 그 안에는 다양한 요소들이 복합적으로 작용되어 탄생되었다.

어머니는 특정 시간만 바쁠 뿐 남은 시간이 많았다. 남은 시간에 아들 걱정으로 점점 늙어만 갔다. 어느 날 《머리 쓰는 법》이라는 책을 읽고 걱정하는 시간에 머리를 쓰자고 다짐한다. 그때부터 '어떻게 하면 담요를 따뜻하게 할까?', '체온기는 어디에다 보관할까' 등 일상생활에서 질문하고 스스로 해결해나갔다. 평소[문제발견-생각-해결책 찾기-실행]이 훈련되어 있었다. 주름 빨대 역시 처음에는 고무 대롱으로 시작해 아이가 냄새를 싫어하자 생각 끝에 주름을 넣은 것이다. 결국 평소 훈련이 되어 있어야만 "유레카"를 외칠 수 있는 법이다. 예비 사업가들은 특별한 아이디어를 찾지만 결국 일상생활에 아이디어가 있고 그것을 발견하고 해결하는 훈련이 되어 있어야 가능하다. 자신의 경험을 기능성 물병이란 사업으로 아이템화 한 (주)투인 박태영 대표 역시 공교롭게도 자녀가 5명이 있었기에 가능했을지도 모른다.

그렇다면 일상 속의 주부들에겐 어떤 특별함이 있을까? 무엇보다 남편보다 아내가 주방에 있는 시간이 더 많다 보니 음식에 대한 고민과 관심도 보다 많을 수밖에 없다. 그런 주부들에게는 자신만의 요리 노하우를 사업 아이템화는 한번쯤 고민해 봤을 것이다. 거기다 일상적 고민과 끊임없는 훈련으로 사업화에 성공한 사람이 있다. 바로 (주)선숙 주용순 대표다.

산약초 장아찌류를 만들어 판매하는 (주)선숙 주용순 대표는 2013년 처음 홈쇼핑에 진출했다. 당시 홈쇼핑 제작진들의 우려와 달리 주 대표는 방송 30여분 만에 완판이라는 진기록을 세우며 단숨에 식품업계의 주목을 받았다. 주 대표가 일반 중소·중견 기업들도 진출하기 쉽지 않다는 홈쇼핑에 진출, 그것도 첫 방송에서 어떻게 완판 기록을 세울 수 있었을까. 그에겐 남들보다 더 특별한 무언가가 있었던 걸까? 바로 일상 속에 있었다.

주 대표는 어려서부터 초계 주씨 11대 종부인 어머니의 음식 솜씨를 보며 자랐다. 충북 보은의 유명한 대농에다 보은향교 교조였던 할아버지 덕에 집에 찾아오는 손님이 늘 끊이지 않았다. 그녀의 어머니 정도순 여사는 하루에도 수십 번 찾아오는 길손에게 배곯지 않도록 음식을 차려 냈다. 정 여사는 해마다 수많은 객들이 먹을 1년치 된장과 간장을 담갔다. 매년 봄이면 며칠씩 메주를 뜨고 뒤뜰을 가득 메운 항아리에 정성스레 장을 담갔다. 주 대표는 '음식은 억지로 배우는 것이 아니라, 옆에서 보고 스스로 깨우쳐야 한다'는 어머니의 말씀을 들으며 어깨너머로 음식 수업을 받고 자랐다.

주 대표는 결혼을 한 이후에도 장을 담가 주위에 나눠 주곤 했다. 꾸준히 어머니의 솜씨를 이어 직접 장을 담그고 전통식품을 만들어 먹었다. 당연히 그녀의 음식 솜씨에 주위의 찬사가 이어지기 시작했다. 그래서 시작한 것이 2008년 장류·장아찌류 생산 기업인 선숙을 설립한 것이다. 자신 일상에서 아이템을 찾은 것이다. 음식을 사업 아이템화 하려는 이유 중에는 황태를 이용해 장을 담그는 독특한 어머니의 손맛을 살려보고 싶었기 때문이기도 하다. 어머니는 황태를 항아리 밑에 깔고 메주를 넣어 장을 담갔다. 콩, 메주, 소금 등을 넣어 하는 일반적인 방법과 달리 황태를 발효시켜 여기서 우려 나오는 독특한 장을 담갔다. 보고 배우며 자란 음식 솜씨가 전통식품 기업을 일군 모태가 된 셈이다.

음식 솜씨를 사업 아이템화 하는 그녀의 곁에는 또 다른 지원군

이 있었다. 바로 식품회사에서 미생물 배양 관련 기술 개발 연구원으로 일하던 남편의 외조도 한몫했다. 오늘날 선숙의 토대는 1983년 한국환경미생물연구소를 세우고 곡물 발효를 통한 유용성 미생물 효소균제제를 생산한 남편의 지원이 있었다.

지금도 주 대표는 남편과 함께 미생물 배양 발효 기술 등과 관련한 실험을 함께 한다. 부부의 연구실 한편에는 이에 대한 실험 분석 등을 메모한 자료로 빼곡하다. 아내가 만드는 발효식품을 남편이 과학적으로 거든 셈이다. 이들 부부는 이를 차곡차곡 기록으로 남긴다. 선숙이 전통비법 그대로를 고집하지만 제조 공법을 특허 등록한 발효기술을 활용해 현대인의 건강까지 생각한 전통 기능성 식품을 만들게 된 배경이다.

선숙 제품의 특징은 이렇다.
1. '장아찌는 짜다?' 'No' 저염식으로 해결
2. 해양심층수와 해양 심층 소금으로 맛 깊이 더해
3. 발효식품에 대한 수출, 포장 문제 선결 고민

주 대표는 현재 15가지의 장아찌류를 비롯해 된장, 고추장, 간장, 청국장 등 7가지 장류를 생산한다. 맛의 비결은 크게 두 가지다. 먼저 '저염식'이라는 점이다. 흔히 일반에 판매되는 장아찌류는 매우 짠 편이다. 하지만 그는 이를 현대적으로 재해석했다. 일상의 아이디어에다 창조성을 가미해 저염식으로 만드는 방법을 개발했다. 일반 장류와 달리 산약초, 곰치, 오가피순 등의 약초를 주원료로 장아찌를 담그는 것이다. 또 하나는 해양심층수와 해양 심층 소금을 쓴다는 것. 선숙은 2009년 4월부터 해양심층수 취수 업체인 P사와 기술제휴를 맺고 울릉도 해역에서 취수한 해양심층수와 해양 심층 소금을 사용한다. 국내서는 최초로 이를 장류에 적용해 매실 찹쌀고추장, 매실 보리 고추장, 매실 쌈장, 홍삼 고추장 및 15종의 효소장아찌 등을 개발 생산한다. 어느 정도 반열에 오른 기업가가 빠질 수 있는 잘못이 모르는 분야에 손대는 일이다. 하지만 주 대표는 철저히 아는 것만 손대면서 치열한 식품업계에 살아남고 있다.

그럼 어떻게 일상생활에서 사업 아이템을 찾고 거기에 새로운 관점을 올려놓을 수 있을까?

먼저 당연한 것에 의심을 보내야 한다.

장아찌는 원래 짜다는 당연한 생각에 반기를 들었다. 이처럼 우리 주변에 당연하다고 생각하는 것들이 없지 않다. 청소기는 꼭 필터가 있어야 한다는 당연한 생각에 의심을 보낸 다이슨 청소기처럼 당연한 것에 의심을 보내야 한다.

두 번째는 성실한 기록의 힘을 믿어야 한다.

주 대표는 일을 하다가도 작은 아이디어가 나오면 메모해 보관했다. 성실한 기록인 셈이고 아이디어의 원천인 셈이다.

세 번째 작은 일에도 의미를 두어야 한다.

어릴 적부터 음식 하는 일이 일상화된 주 대표는 장을 담그고 장아찌 만드는 일에 의미를 부여했기에 사업으로 성공할 수 있었다. 평범한 일상으로 생각했다면 성장은 거기까지 만이다. 작은 일에도 의미를 부여한다면 사업으로 성공할 수 있다.

" 대단한 아이템, 대단한 아이디어는 일상 속에 나온다. 그것을 어떤 관점으로 보느냐에 따라 많은 것이 달라진다. 지금 아이템이나 아이디어가 없다고 낙담하지 말자. 진보는 끊임없이 이루어지는 법이다. 일상 속에서 그것을 찾고 사업화시켜라. "

최고의 경쟁상대를
만들어라

....
....
....

"경쟁마저 승부하면 운명이 바뀔 수 있다."

1987년 한국 프로야구는 라이벌전으로 뜨거웠다. 열기 속에 주인공은 롯데와 해태 투수 최동원 선수와 선동열 선수였다. 언론은 연일 라이벌전을 보도했고 라이벌전답게 진기록이 쏟아진다. 선발투수가 혼자 한 경기를 마무리하면 '완투'라 하고, 완투에서 1점도 내주지 않으면 '완봉'이라 한다. 프로야구에선 보기 드문 완투, 완봉 기록을 두 선수는 쏟아낸다. 그리고 최종 승부에서 무승부를 기록하며 한국 프로야구 역사상 가장 드라마틱한 승부로 기록된다. 이렇게 최고의 힘이 나올 수 있는 원천은 무엇일까? 아마도 '호적수(好敵手)' 때문이 아닐까? 최고의 승부사는 최고의 호적수가 있어야 진가를 발휘하는 법이다. 두 선수 서로의 호적수가 있기에 최고의 실력을 발휘할 수 있었던 것이다.

스포츠는 물론 비즈니스에서도 호적수는 소중한 존재다. 긴장을 놓지 않게 해주며, 상대를 이기기 위해 끊임없이 연구개발해야 한다. 또한 서로가 서로를 모방하며 창조적 파괴의 원천을 준다. 비즈니스를 하고 있다면 호적수를 먼저 정하자.

최고의 호적수를 상대로 승승장구의 길을 걷고 있는 기업이 있다. 우리나라에 화학분야 하면 국내 굴지의 L사와 S사를 떠올리기 마련이다. 굴지 기업들을 호적수로 생각하며 인조대리석 분야에서 경쟁하고 있는 기업이 있다. 바로 (주)라이온켐텍이다. 인조대리석 분야는 국내 3대, 세계 4대 기업이라는 사실을 아는 이는 많지 않다.

라이온켐텍 박희원 대표는 1973년 새한화학공업사를 창업, 40년 만인 2013년 매출 1000억 원을 넘었고, 그 해 코스닥에 입성했다. 이듬해인 2014년에는 1140억 원을 달성했다. 매출 규모로 볼 때 이런 중소·중견기업이 어떻게 국내 내로라하는 대기업인 L·S사는 물론 글로벌 화학회사인 D사와 어깨를 나란히 할 수 있을까? 화학산업은 장치산업으로 중소기업이 진출하기에 용이한 분야가 아니다. 그런데 박희원 대표는 정밀화학산업의 첨가제인 폴리에틸렌(PE) 및 폴리프로필렌(PP) 왁스 분야에서 창업해 국내 시장의 독보적인 존재가 됐다.

박 대표는 처음 사무기기 관청 납품업으로 사업을 시작했다. 그는 사업 초기 성실하고 부지런해 많은 고정 거래처를 뒀다. 직접 수리까지 도맡아 하면서 탄탄하게 신용을 쌓았고 사업가로서의 수완을 발휘했다. 이 신용이 바탕이 돼 1972년 당시 집 한 채 값인 200만 원을 투자해 화학분야 실험을 시작한 것이 새한화학공업사의 시초다. 화학에는 문외한인 그는 무모하리만큼 실험에 몰입했다. 이 시기는 그에게 이루 말할 수 없는 고난의 연속이었다. 당시 실험을 하면서 보낸 3년간 가정에 생활비를 가져다준 적이 한 번도 없을 정도였다. 국수로 끼니를 때우면서도 할 수 있다는 일념으로 버텼다. 남들이 '미쳤다'고 할 정도였다.

박 대표는 난관에 봉착했다. 돈이 없어 실험을 계속할 수 없는 지경에 이르렀다. 다행히 지인이던 T제지 사장으로부터 그 회사에서 영업소장으로 일해 줄 것을 제의받았다. 사업 초기 쌓은 신뢰를 엿볼 수 있는 대목이다. 그는 또다시 쌓은 신뢰와 신용으로 재기의 발판을 만들었다.

박 대표는 그동안의 실험 결과를 그 제지회사의 재생용지에 적용해 고품질의 제품으로 탈바꿈시켰다. 수년간 반복된 실험 속에서 실패한 실험을 다시 검토해 화장지용 재생용지의 탈묵제 개발에 성공했다. 이를 바탕으로 1973년 3월 새한화학공업사를 설립했다. 당시 전국적으로 제지용 약품인 탈묵제 업체는 100여 개가 난립하던 시기. 1977년 새한화학공업사의 탈묵제가 업계를 석권했지만 당시 매출액은 6억 원에 불과했다.

당시 국산 탈묵제는 외국제품의 90% 정도 수준의 품질을 보이고 있었다. 박 대표는 탈묵제의 품질을 향상시키기 위해 연구와 실험 등 끊임없이 새로운 시도를 했다. 그 과정에서 PE왁스 및 PP왁스와 연을 맺는다.

1980년 한국화학연구소와 공동으로 열분해법에 의한 저분자량 PE 및 PP 왁스 개발에 착수한다. 개발에 착수한 지 2년 만인 1982년 미국, 독일, 일본에 이어 세계 4번째로 PE 왁스 제품 개발에 성공한다. 이어 이듬해인 1983년 일본 다음으로 세계 2번째로 PP 왁스 제품 개발에도 성공한다. 1980년대는 PE 및 PP 왁스를 전량 해외에서 수입해 사용하던 시절. 박 대표가 막대한 수입 대체 효과를 거둔 셈이다. 미국 시장에 PE 및 PP 왁스 제품을 처녀 수출한 건 1986년이다. 목표와 열정, 파고듦이 거둔 성과였다.

이어 1988년에는 더 과감히 연구개발에 투자해 국내 3번째로 자체 기술만으로 EBS왁스의 생산을 시작한다. 1996년에는 국내 최초로 전량 수입에 의존하고 있던 페인트 흐름 방지 작용을 하는 왁스인 HBA 왁스 개발에 성공한다.

박 대표는 1980~90년대 독보적인 위치에 올랐다. 자사 주력제품인 PE · PP 왁스의 국내 시장점유율이 90%에 달했기 때문이다. 이 분야에서 선진국에는 크게 뒤처져 있으나 국내에서 만큼은 경쟁자가 없었다. 하지만 시장의 한계점에 도달했다고 봤다. 그래서 고부가가치 정밀화학제품을 계속 개발 생산하면서 동시에 제품 및 사업 다각화를 모색했다. 2001년 회사명을 지금의 라이온켐텍으로 바꾸면서 제2의 창업을 꿈꾸게 된다.

박 대표가 제2의 꿈을 실현한 계기는 독일 여행이다. 20여 년 전

KAIST 한 교수와 함께 한 독일 산업시찰 여행 때 당시 스스로 화학 관련 저널을 섭렵해 얻은 비즈니스 아이디어를 실행에 옮기기 시작했다. 바로 자사 주력상품이던 왁스에 추가해 당시 임직원들의 반대를 무릅쓰고 2001년 인조대리석 제조시장 진출을 선언한다. 당시 인조대리석 분야는 국내 L사와 S사 및 글로벌 다국적 기업인 D사가 지배하는 구조였다.

박 대표는 당시 자문을 구했던 인조대리석 분야 석학들조차 중소기업이 이 사업에 뛰어들면 안 된다고 충고했다고 회고했다. 대기업이 진출해 있고, 세계시장이 이미 선점돼 있으며, 특허로도 묶여 있기 때문이라는 게 당시 반대 이유였다.

하지만 박 대표는 달리 봤다. 모두가 안 된다고 하니 경쟁자가 없을 것이라고 생각했다. 분명 틈새시장이 존재할 것으로 믿었다. 도전을 위한 목표 설정과 함께 사업 초기의 열정이 다시 용솟음쳤다. 경쟁마저 승부수로 띄우는 박 대표 특유의 기업가 정신이 빛을 발하는 순간이다.

박 대표는 곧바로 인조대리석 설비와 공정을 마련했다. 이 분야 은퇴한 외부 전문가 풀도 동원했다. 처음 5년 간은 많은 임직원들이 우려한 대로 부채비율이 2200%까지 치솟았다. 거래 은행들은 대출금 회수를 지시했다. 국세청에서는 세무조사 압력이 들어왔다. 여기다 환경과 소방 규제도 더해졌다. 회사가 존폐 기로에 놓였다. 박 대표는 당시 노후 자금이라도 건지기 위해 회사 매각까지 생각했었다. 하지만 끝까지 승부수를 띄웠다. 대기업이 못한 소량 다품종 생산 시스템을 만드는데 몰두했다. 당시 왁스 생산 경험을 토대로 소량 다품종 생산기술을 확보했다. 하지만 수동 몰딩 작업의 자동화라는 난관에 부딪혔다. 그럼에도, 이 부분에서 자동화 기술을 개발해 냈다. 국내서 어느 누구도 불가능하다고 본 소규모 몰딩 공법을 이용한 아크릴 대리석의 소량 다품종 생산을 해냈다. 이 마저도 대량생산체제로 말이다.

그의 타고난 승부사 기질이 또 한 번 발휘되면서 인조대리석 분야에서 국내 제4대 시장의 기원을 열었다. 라이온켐텍이 생산하는 인조대리석은 고급스러운 질감과 다양한 색상, 가공성이 뛰어난 소재 면에서 그 품질의 우수성이 알려지기 시작했다.

박 대표는 처음 '아트팬'이라는 브랜드로 인조대리석을 제조했다. 2006년부터는 180여 개 컬러로 향상된 '트라이스톤'이란 브랜드로 국내 시장을 넘어 일본, 대만, 태국, 싱가포르, 호주 등 아시아지역은 물론 미국과 남미, 유럽지역 및 중동지역까지 총 20여 개국의 수출길을 뚫었다.

1. 실패는 자산이다.
2. 남들과 똑같이 하면 성공할 수 없다.
3. 경쟁마저 승부하면 운명이 바뀐다.
4. 신용과 신뢰가 바탕이 되면 절망할 순간에도 기회가 온다.
5. 끝까지 파고들어라.

박 대표가 종종 대학에서 강의할 때 강조하는 말들이다. 현재 인조대리석은 라이온켐텍 매출의 80% 정도를 차지할 만큼 비중이 큰 효자상품이 됐다. 1973년 8평짜리 보일러실에서 실험과 생산을 시작했다. 그가 25살 때다. 야망으로 가득 찬 청년은 대기업 중심의 인조대리석 시장에 세계 4번째로 진입하는 데 성공했다. 남들과 똑같이 쉬운 사업 아이템을 택했다면 절대 이룰 수 없는 성공이다.

남들이 반대할 때 다른 관점을 보고 사업에 도전했던 박 대표는 분명 승부사 기질이 있다. 거기다 비슷한 규모의 회사가 아닌 골리앗 같은 기업을 경쟁상대로 했기에 더욱 분발했다고 생각한다. 호적수가 있기에 지금과 같은 위치에 올라가지 않았을까 생각한다.

> 정보가 열린 세상에 살고 있다. 독특한 아이템도 빠르게 카피해 경쟁자가 생겨나고 있다. 경쟁자가 나타났을 때 낙담하기보다 호적수로 규정하면 어떨까. 그리고 경쟁자가 놓치고 있는 부분을 찾는다면 나만의 비즈니스 무기가 될 수 있다.

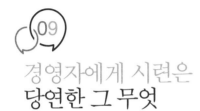

경영자에게 시련은
당연한 그 무엇

....

....

....

"불은 황금을 시험하고, 역경은 강한 사람을 시험한다"

성공한 기업인들이 새로운 가치를 찾아 도전하는 건 실패를 두려워하지 않기 때문이다. 현인들은 '불은 황금을 시험하고, 역경은 강한 사람을 시험한다'고 말한다. 모든 역경은 성공의 디딤돌이다. 비 온 뒤 땅이 더욱 단단해지는 것도 같은 이치일 것이다.

그의 성공 스토리를 들으러 갈 때는 인생의 처절함을 듣기 위해서라기보다는 성공담을 듣기 위해서였다. 그런데 그 성공 스토리의 이면에는 숨겨진 절박함과 처절함이 있었다. 이야기를 들을수록, 시련의 골이 깊어질수록, 믿음의 둔덕도 높아졌다는 생각을 지울 수 없었다. 그의 성공 스토리는 한편의 '무용담'이라기보다는 '고백록'에 가까웠다. 1년여 전 그의 고백을 듣기 위해 인터뷰 요청을 한 지 한

달여 만에 성사된 그를 만날 수 있었다.

한때 국내 화장지 업계의 대명사였던 M사. 미래생활(주) 변재락 대표가 이 M사의 2세 기업인이었다는 사실을 아는 이는 많지 않다. M사는 변 대표의 부친이 창업한 회사다. 화장지가 보편화되지 않던 시절인 1972년 변 대표 부친과 동생, 동생의 친구 3명은 가내수공업 형태로 S공업사를 설립하고 화장지 가공업을 시작한다.

이들 3명은 1976년에 M사를 설립하고 각각 지역 분할을 통해 법인을 나눈다. 변 대표의 부친은 M사 대전 법인을 세우고 대전·충청권과 호남 및 경기도 일부 지역을 맡는다. 변 대표의 작은아버지는 M사 서울 법인을 세워 서울·경기 및 강원지역을, 작은아버지의 친구는 대구에 거점을 두고 영남권을 맡아 시장 공략에 나선다.

이들은 일종의 신사협정을 맺어 M사 브랜드에 대한 공동마케팅과 공동 상표를 개발해 판매했다. 이때 만들어진 화장지 브랜드가 한때 국내 텔레비전의 CF를 주름잡던 '땡큐', '굿모닝' 등이다. 지금 시각으로 보면 '신사협정' 자체가 공정거래상 문제가 되는 것이지만, 1970년대 제도화가 이뤄지지 않은 탓에 이런 시스템이 통용되던 시절이다. 이때부터 1980년대에 M사는 전성기를 맞는다.

탄탄대로 일 것만 같았던 M사의 시련은 안에서부터 시작된다. 변 대표의 작은아버지가 건강상의 이유로 자신이 운영해 오던 서울법인을 다른 회사에 매각하면서부터다. M사의 서울법인이 이 기업에 넘어간 뒤부터는 그동안 해 오던 3자간 묵시적인 신사협정 자체가 무의

미해지기 시작했다.

다른 회사에 넘어간 M사의 서울법인은 그동안 침범하지 않던 충청권과 영남 등 타 지역에도 제품을 공급하기 시작한다. 자사 브랜드 간 출혈경쟁이 이뤄지기 시작한 것이다. 이런 현상은 1995년부터 1997년까지 3년간 극심했다. 변 대표는 이때를 '(M사의) 3년 전쟁'이라고 말한다.

M사의 대전법인은 같은 M사 내 다른 법인 간 경쟁을 하는 사이 체질이 허약해졌다. 그러다 외환위기를 맞았고, 이게 직격탄이 되면서 대전법인도 부도를 맞는다. 부친이 세운 M사가 사실상 끝나는 순간이다.

변 대표는 이후 M사의 경영에서 손을 뗐다. 그럼에도, 부친이 세운 기업인 M사를 재건하겠다는 의지는 분명했다. 간절함과 절박함을 느끼던 시기다. 그러나 이미 거대 자본에 넘어간 M사의 막강한 자본력을 넘어서지 못한 채 M사를 되찾겠다는 꿈은 결국 무산된다. 모든 걸 잃어야 했던 변 대표는 좌절에 빠졌다. 회사가 부도가 나고, 경영에서 완전히 물러나면서 모든 것을 잃었다. 빚까지 떠안으며 그대로 주저 않는 듯했다.

그때 그를 일으켜 세운 것이 절박함과 간절함이다. 고통을 겪어봐야 그 고통의 무게를 넘어서는 희열의 무게도 더 크게 느낄 수 있는 법. 변 대표는 M사 부도 이후 영업부 직원 70여 명을 이끌고 2000년 회사를 설립한다. 직원들의 퇴직금을 모아 자본금 20억 원으로 현 미래생활의 전신인 '엠2000'이라는 회사를 만들었다. 이후 자체 상품 개발에 돌입했다. 2003년 첫 제품을 출시했다. 바로 화장지 업계에서 또 하나의 신화를 쓴 '잘 풀리는 집' 브랜드다. 이 제품은 부친이 일군 기업 M사가 거대 자본에 넘어간 뒤 다시 인수 실패 후 살기 위해 처절한 사투 끝에 탄생한 산물이다.

변 대표는 단순한 화장지를 넘어 선물을 할 때 잘 살기를 바라는 마음을 전하는 가치를 담아냈다. 그는 브랜드에 걸맞은 아이템도 넣었다. 당시로서는 획기적이던 문자메시지를 화장지에 새겼다. 사람들은 화장지를 풀 때마다 '부자 되세요', '행복하세요'라는 글귀를 보면서 즐거워했다. 사람들의 행복한 미래를 기원한다는 뜻이 담겨 있는 '잘 풀리는 집'이란 제품명 덕에 단숨에 집들이 선물 1순위로 떠올랐다. 회사도 안정을 찾아갔다. 회사 설립 10여 년도 채 되지 않아 국내 제지업계 3위 자리에까지 올랐다.

1. 어떤 어려움이 닥쳐도 절대 포기하지 않는다.
2. 세상 사람들을 자극할 수 있는 감성적 가치를 브랜드에 담다.
3. 긍정적 마인드로 희망을 선물하다.

그의 이런 성공 이면에는 그만의 가치를 담아낸 것이 주효했다. 변 대표에게 '잘 풀리는 집' 화장지는 단순한 기능성 제품 이상이다. 그것은 희망이고, 사람의 정과 따뜻한 마음이다. 한편으론 가장 힘든 시기에 이를 극복할 수 있도록 한 절박함, 간절함, 처절함의 산물이다. 화장지 그 이상의 가치, 즉 감성적 가치를 창조해 냈다.

변 대표가 재창업을 하고 오뚝이처럼 다시 일어설 수 있었던 또 다른 이유는 바로 긍정의 마인드다. 일부 중소제조업체는 원가 이하의 판매 가격이나 인력 배치 요구 등 대형 유통업계의 요구에 힘들어한다. 그도 대형마트에서 독과점이나 일등상품이 아니면 이익을 내기가 쉽지 않다는데 공감한다. 변 대표는 이런 시장의 불합리한 구조 속에서 불만 토로에 그치지 않았다. 대형마트에서 겪는 애로를 '내셔널 브랜드로 자리매김하는 홍보의 장'이자 '무리한 요구를 극복하기 위한 아이디어 생산의 창고'로 여겼다. 그래야 더 가치 있는 제품이 나오고 가격경쟁력을 갖출 수 있게 된다는 것을 체득했기 때문이다. 그는 "어떤 어려움이 닥치더라도 절대 포기하지 말라"라고 말한다. 그 역시 지금도 자신의 회사는 '화장지를 파는 기업이 아니라, 희망을 파는 기업'이라고 강조한다.

그의 명함 뒷면에는 이런 글귀가 새겨져 있다.

잘 풀리는 집은 화장지 그 이상의 가치, 즉 감성적 가치를 창조한다. 잘 풀리는 집은 화장지를 선물하는 문화와 시장을 창조한다. 잘 풀리는 집은 최고의 품질을 바탕으로 대한민국 최고의 화장지 브랜드를 목표로 한다. 잘 풀리는 집은 세상 사람들에게 긍정적인 생각과 희망을 갖게 하고 '잘' 풀리는 사회가 되도록 힘쓴다.

현대그룹 창업주이자 '도전의 아이콘' 기업인 정주영. 그는 '시련은 있어도 실패는 없다'며 자동차, 건설, 시멘트, 통일소 500마리와 금강산 관광 산업 등 감히 도전하지 못했던 분야에 과감히 도전장을 내밀었다.

삶의 여정에서 마주치게 될 수많은 어려움과 시련, 고난과 역경, 급변하는 세계와 무한경쟁으로 인한 높은 불확실성, 미래에 대한 두려움. 망망대해에 홀로 떠 있는 조각배 같은 인생에서 작은 파도에 배가 뒤집어질까 미리부터 흔들리고 겁을 먹는 사람은 미래를 보지 못한다. 반면 인생이라는 배를 만들어 의연하게 노를 저어 간 사람들도 있다.

" 물론 쉬운 일은 아닐 것이다. 분명한 건 누구든 실패로 인한 시련과 고통을 겪을 수 있다. 다만 그 한 번의 실패가 반복돼서는 안 된다는 것이다. 한 번의 실패와 잦은 실패의 차이는 분명하다. 실패는 자산일 수 있다. 실패를 기꺼이 '내 것'으로 소화하면 된다. 두려워할 필요도 없다. 〈위대한 개츠비〉의 저자 스콧 피츠제럴드는 '한번 실패와 영원한 실패를 혼동하지 말라'고 했다. "

당신
기업만의
장점을 찾고,
또 찾아라

밑바닥부터 알아야
제대로 알 수 있다

············

············

············

01

"불우한 환경을 탓하지 말라. 고난은 인생의 자산이다"

도청에서만 15년 넘게 구두닦이로 일하는 한대중씨. 그는 하루 10시간이 넘는 일을 하면서도 배움의 끈을 놓지 않았다. 대학생들로 구성된 용봉 야학을 다니며 고입과 대입 검정고시에 합격해 주변에 '공부하는 구두닦이'로 알려졌다. 이후 생계를 꾸리느라 한동안 책을 가까이하지 못했던 그는 강사의 꿈을 키우며 일하고 있다.

자신의 일터인 도청 지하 1층에 있는 2평 남짓한 공간 벽에 「나의 사명서」라는 제목으로 '존경받는 아빠' '성공학 책을 쓰겠다.' '최고의 동기부여 강사가 되겠다.' 'CEO가 되겠다.' 등 10가지 꿈을 기록해 놓고 매일 되새긴다. 이런 꿈을 이루기 위해 매일 녹음기로 명사의 강의를 듣고 한 달에 최소 4권의 책을 읽는다. 한편의 드라마 같은 그의 인생이 주변에 알려지면서 체험담을 들으려는 강의 요청도 잇따른다. 공무원들에게 한씨의 인생 강의가 호응을 얻으면서 국무조정실 등이 그를 강사로 초빙할 의사를 가질 정도였다.

사람들이 그에게 열광하는 이유가 무엇일까. 아마도 밑바닥부터 시작해 꿈 향해 나아가는 모습을 좋아하는 것 같다. 얼마 전 도청을 떠났지만 그는 영원한 '도청 맨'으로 사람들 기억 속에 존재할 것이다.

사람은 스토리를 좋아한다. 스토리를 좋아하는 여러 이유가 있겠지만 스토리의 주인공이 내가 될 수 있다는 희망이 있기에 스토리를 좋아한다. 특히 인생역전을 한 스토리는 더욱 그렇다.

무일푼 월급쟁이에서 중견 건설업 최고 경영자가 된 금성백조주택 정성욱 회장이 있다. 그 역시 실행하는 것이 중요하다는 아주 평범한 진리를 다시금 깨우치게 한다. 금성백조주택은 지난해 주택 및 건설 경기 침체 속에서도 매출 3500억여 원, 영업이익 392억 원의 실적을 올렸다. 정 회장은 1978년부터 거래해 온 주거래은행으로부터 지금까지 단 하루도 연체이자가 없을 만큼 '신용'과 '정도' 경영을 이끈 CEO로 유명하다.

정 회장은 5세 때 선친이 작고한 뒤 어려운 가정형편으로 더 이상 배움의 기회를 얻지 못했다. 중학교도 겨우 마쳐야 했다. 그렇게 가족의 생계를 위해 돈벌이에 나섰다. 1962년 무작정 상경해 처음 3년여 동안 중소제조업체에서 근무했다. 이후 건설사에 발을 들여놓으면서 인생의 모멘텀이 된다. 당시 꽤 견실한 중견 건설사인 J기업의 하청업체에서 철근과 콘크리트 공사 관련 잔심부름을 했다. 낮에는 건설현장에서, 밤에는 부설 야간고등학교를 다니며 주경야독으로 청춘을 바쳤다. 3년간 다니며 고교 졸업장도 땄다.

1960년대 중반, 서울 신당동 동대문전화국이 화재로 전소되는 사건이 발생한다. J기업이 전화국 신축 공사를 수주하면서 자신이 다니던 하청업체가 이를 맡게 된다. 이 공사를 계기로 현장 경험을 통한 건설·건축은 물론 회계업무도 숙지했다. 낮에는 현장에서, 밤에는 여관을 전전하며 공사 견적과 실적 등을 뽑아내는 일에 몰두했다. 틈틈이 건설 분야 이론 공부에도 매진했다. 그는 지금도 "한창 젊은 시절이어서 체력이나 정신력 등 모든 면에서 하루 3~4시간 숙면을 취해도 피곤하지 않았으며, 일을 배워나가는 과정이 매우 즐거웠다"라고 회고한다.

본격적인 건설현장을 경험하던 중 1964년 19살의 나이로 카투사에 입대해 선진 시스템을 경험한다. 독자라는 개인 사정으로 11개월 15일 만에 복무를 마치고 의가사제대를 한다. 제대 후 고향으로 돌아온 정 회장은 건설업에 종사하던 중 사촌의 중매로 지금의 아내를 만난다. 안정적인 가정생활을 바탕으로 20여 개의 현장을 뛰어다니며 현장소장으로 바쁜 나날을 보낸다. 그동안 현장에서 배운 기술을 바탕으로 직접 창업을 꿈꾸기 시작한다. 정 회장이 35살 되던 1981년 세운 것이 지금의 금성백조주택이다.

그가 창업할 당시 정부 정책 등 건설 환경이 썩 좋지는 않았다. 앞서 정부는 당시 1974년부터 1989년까지 15년간 종합건설 면허 취득을 제한하던 시절. 따라서 정 회장이 생각해 낸 방법이 '종합' 면허가 아닌 다소 손쉬웠던 '주택건설' 면허를 내는 것이다. 종합건설업체의 면허를 인수하는 것 자체가 낙타가 바늘구멍 뚫기만큼 어려웠던 시절 탓도 있다. 그가 주택건설 면허를 내고 한 첫 사업이 고향에 27가구의 연립주택을 짓는 것이었다.

그는 사업을 하면서 각종 신화를 쓰기로도 유명하다. 1989년 무렵 아파트 분양 때 중부권 역대 최고인 '147대 1'이란 청약경쟁률을 기록하면서 전국의 언론 및 방송의 주목을 받기도 했다. 13년 뒤, 한일월드컵을 앞두고 2002년 분양한 아파트 역시 '216대 1'의 청약경쟁률을 보이며 또 한 번 자신의 기록을 경신한다. 이 기록은 중부권 역대 최고로 아직도 깨지지 않은 '신화'로 남아 있다.

그가 사업을 하는 현장은 망하지 않는다는 일종의 속설이 있다. 왜 그럴까. 단순 비교가 무리일 수는 있으나 현대그룹 창업주인 고 정주영 회장과 마찬가지로 젊은 시절부터 몸에 밴 정성욱 회장의 습관 중 하나가 본격적인 공사에 앞서 반드시 새벽 3~4시경이면 손전등 하나 들고 현장을 수차례 돌아보는 것이다. 고희(古稀)를 앞둔 정 회장의 이 버릇은 지금도 고집스러울 만큼 이어지고 있다. 직원들의 고충(?)이야 이루 말할 수 없겠지만 말이다. 즉 '돈이 되는' 사업장을 고르는 그만의 독특한 노하우를 체득한 탓일 것이다. 그는 지금도 본 공사를 앞두거나 땅을 선택하기에 앞서 반드시 해당 토지를 새벽녘에 수차례 둘러보기로 유명하다.

그는 젊은 시절 공사현장에서 터득한 나름의 직관력 등 노하우가 있다. 주택공급에서 양적 규모를 중시하는 대규모 공급을 지양한다. 이보다는 최적의 입지에 최고의 명품을 짓는 개발을 기획한다. 프로젝트마다 회사의 사활이 달린 마음가짐으로 임한다. 입지선정부터 심혈을 기울이는 이유다. 그러면 반드시 그 땅은 대박을 터트린다.

정 회장이 입버릇처럼 하는 말이 있다. "내가 지은 것은 땅속에 가서 평가받겠다는 것이 기본철학"이라고 말한다. 이승을 넘어 저승에 가서까지 평가를 받겠다는 마음으로 건설을 하는 셈이다. 한때 부실공사가 판을 쳤던 우리 사회에서 정 회장이 자신의 건설 철학을 얼마나 잘 지켜왔는지 짐작이 가는 대목이다.

정 회장은 건설도 교육과 마찬가지로 '백년대계'를 내다보고 해야 한다고 말한다. 한 번 지어놓으면 주인은 바뀔지언정 국가, 국민의 재산으로 건물의 가치는 내구수명이 다할 때까지 효율이 나와야 한다는 것이다. 그래서 건물을 지을 땐 이론, 실무, 실행 과정에서 혼과 정성이 들어간다. 요즘도 건설현장을 돌아다니며 직원들에게 "위대한 성전을 빚어낸다는 생각으로 임해야 한다."라고 격려한다. 건설현장의 가장 밑바닥에서부터 경험을 쌓아 온 정 회장 본인의 철학을 현장에 심어주고 있는 셈이다. 정 회장은 2008년 지방업체로는 최초로 전국살기좋은아파트 대상을 수상하는 영예도 안았다.

어떻게 보면 정 회장이 겪은 일들과 노력을 생각해보면 역시나 기회도 노력한 자에게 온다는 천우신조가 떠오른다. 당연하고 뻔한 얘기일 수 있다는 생각이 든다. 하지만 가만히 되짚어 보면 그 뻔한 걸 잘 알고 있으면서도 실제 고난과 위험은 피하려고만 한다. 그럼에도 우리는 살아가면서 이런 원칙도 지키지 못하고 눈앞의 유혹에 쉽게 빠진다. 직접 부딪치는 경험보다 편한 길을 찾는다. 기존의 틀에서 벗어나지 못한 모습으로 살아간다. 우리 주변의 일상에서 볼 수 있는 삶이다.

결국 그러한 원칙을 고수하면서 좋은 기회도 오고, 더 큰 성공을 향해 나아가는 법이 따로 있는 게 아니다. 우리 스스로 잘 알고 있는 그것을 묵묵히 제대로 지키고 실행하는 것이 중요하다는 평범한 진리를 일깨우게 한다.

정 회장은 독서와 연구도 게을리 하지 않는다. 그는 중앙대 건설대학원을 나왔다. 젊은 시절 여관을 전전하며 무엇이든 연구하고 탐독해야 하는 그의 노력은 나이가 들어서도 주 2~3권의 독서를 통한 학습으로 이어진다. 독서한 뒤 경영이나 직원들에게 도움이 될 만한 내용이면 체크했다가 회의시간이나 현장 방문 때 어김없이 이를 꺼낸다. 직원들도 책을 읽게 만드는 그만의 방법이기도 하다.

그만의 독특한 경영 철학이 또 있다. 회사 설립 후 30년 넘게 단돈 1원도 배당받지 않고 이윤의 100%를 재투자하기로도 유명하다. 그만큼 '통장 잔고'에 대한 욕심이 없다는 걸 보여준다. 대개 기업 오너들이 그렇듯이 사유재산도 꽤 있을 법 하나 그는 개인적으로 소유한 통장이 없다. 부동산은 더더욱 없다. 사유재산이라고는 현재 살고 있는 집 한 채가 전부다. 20년 넘게 살고 있던 20평 남짓한 단독주택마저도 회사 중역들의 반복되는 설득 끝에 50여 평 규모의 아파트로 이사한 게 전부다. 금성백조주택이 커 온 과정은 정 회장의 이런 습관에서 비롯됐다고 해도 과언이 아니다. 30년 넘게 무차입 경영을 고수하면서도 부득이 차입할 경우 1~2개월 사이에 상환하는 내실경영을 다져온 것은 밑바닥부터 커 온 그의 성실함 때문이다. 이미 실패한 일에 대해서는 원망하거나 불우한 환경을 탓하지 않은 그만의 생활철학이 배어 있는 탓도 크다. 성공은 자신을 둘러싼 환경에 달려 있는 게 아니라 자신의 생각에 달려있다. '과거가 있어 현재가 있고, 현재가 있어 미래가 있다'는 말이 있다. 정 회장을 보면 이의 산증인이라 할 만큼 딱 들어맞는 CEO다.

    "밑바닥을 경험해보지 못한 사람은 본질을 죽었다 깨어나도 알지 못한다. 어떤 분야든 본질을 알아야 능숙하게 변형시켜 무엇이든 만들어낸다. 지금 밑바닥에 있다면 올라갈 일만 남았다. 좌절하기보다 밑바닥 경험을 소중히 여기고 능숙하게 사업을 펼쳐보자."

02
아줌마에서 여성 경영인으로
변한다는 것

"바쁜 꿀벌은 슬퍼할 겨를이 없다"

주위에는 전직 교사나 주부에서 수억 원대 연봉을 받는 파워 세일즈 우먼, 수백억 대 사업가로 변신해 제2의 인생역전을 이룬 아줌마들을 심심찮게 접할 수 있다. 이런 '아줌마'들의 가장 큰 특징 중 하나가 반복되는 생활과 평범한 일상에 회의를 느껴갈 무렵 인생의 전환을 맞는 특별한 계기를 만난다는 것이다. 그런데 그 계기란 것도 사실 자세히 들여다보면 용기를 가지고 자신의 마음과 직관을 따르는 데서 온다.

남성 못지않게 성공한 여성 CEO들이 더 가슴에 와 닿는 건 왜 그럴까. 이미 '금수저'나 '집안 배경'을 등에 업고 한 성공이 아니라 그냥 우리네 주변에 있는 뜨르르한 여성, 아줌마들이 일상의 교훈을 통해 얻은 성취여서 더욱 그럴 것이다.

인간은 마음의 프로그램을 만든다. 패러다임이 바뀌는 곳에 기회가 있기 마련이다. 그 속에서 환경을 변화시킬 프로그램이 나온다. 아이를 키우는 엄마나 주부들은 더욱 그렇다. 자녀 양육에서 오는 갈등이 창업의 동력이 되기도 한다.

(주)나무와 숲을 설립한 이성옥 대표는 자녀와의 갈등을 푸는 과정에서 창업한 대표적인 여성 기업인이다. 그는 마음의 문을 닫아버린 아들의 심리를 치유할 수 있는 방법을 고민하다가 아동 정서를 관리할 수 있는 전문 비즈니스 모형(BM모델)을 만들었다. 그렇게 탄생한 것이 '아동심리와 부모 스트레스의 연관관계를 이용한 아동정서 관리 방법'이다. 2014년 이 모형(또는 프로그램)을 특허출원했다. 아동 정서(심리) 관리 분야에서 국내 특허 1호인 '아이씨(I-see) 아동 정서 심리 관리 시스템'이다.

이 프로그램은 아동의 정서 상태를 그림을 통해 본다. 널리 알려져 있기도 하나 이 대표는 이를 보다 체계화했다. 즉, 아이가 일정하게 도안이 돼 있는 미술 도화지에 그림을 그리면 나무와 숲에 근무하는 연구사들이 이를 분석 및 해석한다. 이후 아동의 심리 상태를 파악해 그 아이에 맞는 솔루션을 제공한다. 이 해결책 제시가 기존에 나와 있는 그림을 통한 일반적인 심리 치유와 다른 점이다. 나무와 숲은 부모와 교사에 대한 교육을 동시에 설정해 진행한다. 5~7세까지 정서 심리발달 과정을 차트로 만들어 관리한다.

이 프로그램은 교사와 부모가 아이의 기질이나 성향에 맞게 솔루션을 제공해주기 때문에 일관성이 있다. 또 유아교육기관과 부모 사이에 신뢰를 쌓을 수 있다. 이 두 가지 특징으로 이성옥 대표는 주로 어린이집이나 유치원 등 영유아 보육기관을 전문으로 상대한다.

이 대표가 아줌마에서 이처럼 보다 넓은 세상을 볼 줄 아는 안목을 갖게 된 계기 역시 자녀와의 갈등 때문이었다. 무역학을 전공한 이 대표는 대기업에서 20년간 재무회계 업무를 담당했다. 사회적 성공에만 매달려 온 이 대표는 10여 년 전 그동안 다니던 직장을 접었다. 지금은 중학생이 된 아들이 초등학교 저학년 시절 엄마와 겪었던 갈등을 해소하고 소통하기 위해서였다. 초등학생 아들이 반항을 하면서 마음의 문을 닫자 직장을 그만두고 아들에게 접근할 수 있는 방법을 찾기 위해서였다.

이 대표의 아들은 유치원에 다니는 무렵부터 대화를 거부했다. 부모와 얼굴조차 마주 대하지 않으려 했다. 함께 식사하는 건 당연하듯이 꺼렸다. 아들은 내면 깊숙이 숨어버렸다. 이 대표는 그런 아들을 달래기 위해 혼내 보기도 하고, 울며 호소도 해 봤다. 가위에 억눌릴 정도로 잠을 이루지 못하는 날이 다반사였다. 주부로서 갖는 큰 도전 정신과 견딤이라는 고통의 연속이었다. 그러는 사이 주위의 엄마들이 겪을 법한 고충을 어느 순간 자신도 겪고 있었다.

마음의 문을 닫은 아이의 문제 있는 행동에 대한 이유를 몰랐다. 치유 방법은 더더욱 찾지 못했다. 단순히 회사 일과 가사를 열심히만 하면 되는 줄 안 이 대표에게 '기술적 배경'도 없어 걱정도 많았다. 혼자 터득하는 수밖에 없었다. 다시 대학에 진학해 아동심리부터 공부했다. 내 아이를 위한 일로 시작했다. 처음엔 혼자서 발을 구르며 여기저기 뛰어다녔다. 2008년 아동심리를 전문으로 하는 회사를 세웠다. 아예 세상의 모든 아이들을 변화시켜 보겠다는 욕심도 발동했다. 그러다 아동 정서 관리방법 모델을 개발하면 좋겠다는 구상을 하기 시작했다.

이 대표는 자신이 만든 특허 시스템에 무한 애정을 갖고 있다. 자신의 아이를 치유할 수 있는 방법을 고민하다가 만든 것이기 때문이다. 그런데 이 대표가 고안한 이 특허 시스템의 작명 배경이 재미있다. '아이씨(I-see)'라는 특허 받은 시스템의 이름은 양육이 너무 힘들어 절로 '아이씨'라는 말이 나온 데서 따온 것이다. 그만큼 어려움과 희생을 감수하는 부모의 마음을 담은 것이기도 하다.

이 대표는 기회는 문제에서 온다고 생각했다. 주부들 역시 실패와 아픔을 통해 얻어지는 소중한 경험들을 바탕으로 어떤 난관도 이겨낼 수 있는 자생력이 있다고 봤다. 실패에서 멈추면 진짜 실패한 사람이 되지만 멈추지 않으면 성공을 위한 한 단계가 된다. 실패한 그날, 그 사람이야말로 성공에 가장 가까이 가 있는 사람이 되기 마련이다. 이 대표 역시 포기하지 말라는 메시지를 던져 준다. 실패가 많다고, 아픔이 크다고 절대 낙담하지 말고 앞으로 더 많은 성공 요소들을 가진 멋진 CEO라고 스스로 외친다.

이 대표는 지금도 "아이 하나 잘 키우면 열 사람 살인도 막는다"

는 회사 설립 당시의 생각에 변함이 없다. 유아 정서 심리에 열정을 쏟으면서 일종의 사명감까지 갖게 됐다. 그는 그래서 '세상을 즐겁게 변화시킨다'는 생각을 멈추지 않는다. 그 역시 아들과 상담을 받으러 다니면서 외로움, 상실감, 분노 등 마음의 병이 쌓이기 시작했다는 걸 뒤늦게 깨달았다.

하지만 그 당시까지 실패는 했더라도 포기하지는 않았다. 창업 초창기에는 어떤 뚜렷한 계획을 가지고 시작하지 않았다. 그러나 무한한 열정으로 언젠가는 내 아이와 내가 하고자 하는 일들이 꼭 성공할 거라는 남다른 인식도 있었다. 중학생이 된 이 대표의 아이는 지금 또래집단과의 원만한 관계 형성을 하면서 자존감도 높아지고 있다. 회사를 세우는 것, 그것은 당장 보상이 적더라도 내 아이를 위해 옳다고 믿는 한 아줌마의 인생도 바꿔 놨다. 그 생각에 여러분도 동참해 보라고 말하고 싶다.

"이젠 누구나 사업가가 되어야 하는 시대다. 고용은 갈수록 어려워지고 어렵게 들어간 회사가 평생을 책임져주지 않는다. 그렇다고 무턱대고 사업하면 100% 필패다. 사업 아이템을 가까이에서 찾아보자. 내가 느낀 문제점, 내가 경험했던 불편함 등 가까이에 있다. 가까이에 존재한 아이템에 시스템을 만들고 가격을 매긴다면 사업이 된다. 아줌마에서 CEO로 바꾸는 일 역시 시작은 쉽게 해야 한다. 아줌마란 타이틀을 무기 삼아 사업가를 해보는 것이 어떨까?"

대기업이 못하는 일은
분명 있다

"자신이 가장 잘 할 수 있는 분야를 하면 실패할 확률이 줄어든다"

'활력 있는 사회'란 무엇일까. 아마도 누구나 기회가 주어진 사회를 말하는 건 아닐까. 부모의 직업이 무엇이든, 얼마를 배웠든, 과거에 무슨 일을 했든 공정한 기회가 주어진 사회 말이다. 개인 노력 여하에 따라 얼마든지 삶을 역전시킬 수 있다면 사회는 활력이 넘칠 것이다. 17세기 금융시스템을 태동시킨 네덜란드에는 왕, 귀족은 물론 외국인, 하녀, 어부 등 누구나 동인도회사에 투자할 수 있었다. 즉 기회는 공정했고, 열매 역시 공정하게 나누어 가졌다. 넘치는 활력으로 네덜란드는 대항해시대를 열어갔다.

창업이나 사업을 준비하는 사람들이 고민하는 부분 중 하나가 희소성이다. 이들은 누구나 다 하는 아이템으로는 성공할 수 없기 때문이라고들 말한다. 하지만 이를 뒤집어 보면 누구도 하지 않는 일을 찾기란 쉽지 않다. 그래서 누구나 쉽게 접근할 수 있는 소자본 창업시장은 언제나 20대 청년 창업가부터 공무원 퇴직자, 회사 은퇴자까지 몰리며 문전성시를 이룬다.

이들은 그러나 누구나 다 성공하지는 못한다. 시장 조사가 뒷받침되지 못해 망하는 경우가 많다. 돈이 좀 된다 싶으면 고민 없이 같은 사업 모델을 사용한다. 이미 대기업이 진출해 있는 시장에선 작은 기업들이 더욱 맞서기가 힘들다. 대기업이 몇십 배 되는 자금력, 조직력, 신용을 동원해 덤벼드니 말이다.

하지만 굳이 부정적으로 생각할 일만은 아니다. 대기업이 모든 걸 다 할 수 있다는 생각부터 버려야 한다. 사업이나 창업을 꿈꾸는 이들에게는 자신감과 창의력이라는 큰 자산이 있다. 흔히 남과 똑같이 하면 성공할 수 없다고 말한다. 실천이 문제다. 머리는 이해하고 있는데, 몸이 움직이지 않으니 이마저도 부질없다. 한 번 밖에 없는 인생을 자신이 하고 싶어 하는 일을 하며 살겠다는 의지가 중요하다.

회사 설립 20여 년 만에 국내 특수장비차 시장에서 독보적인 위치에 오른 이텍산업(주) 이두식 회장. 이텍산업은 현재 국내 특장차 시장 점유율에서 80%가 넘는 최대 규모의 기업이다. 이텍산업은 국내 최초로 살포기나 제설기 등 제설장비를 국산화한 기업이다. 다목적 도로관리차를 비롯해 노면청소차, 도로분진흡입차, 하수구준설차, 터널청소차, 궤도교량점검차, 제설장비차 등 60여 종의 차량과 특수 장비를 생산한다.

이 회장은 대학 재학 시절부터 사업에 대한 열망이 컸다. 당시엔 사업할 방법도 몰랐고, 계기도 없었다. 그럼에도 그가 사업을 할 수 있었던 건 '감성 DNA'가 풍만했기에 가능했다고 말한다. 20대 후반부터 해외 출장을 다닐 때마다 '내가 사업을 하면 어떤 식으로 할 것'이라는 감성적인 경영의 느낌을 남보다 일찍 깨달았던 셈이다.

그가 사업에 뛰어들 때는 변변한 사무실 하나 없었다. 집에다 달랑 컴퓨터와 팩스기 한 대로 무역업 사업자등록을 내고 시작했다. 1994년, 그의 나이 36살 때다. 대학을 졸업한 뒤 외국계 회사에서 3년 정도 근무하다가 특장차 관련 K사로 이직해 그곳에서 6년 여간 일한 경험을 살렸다. 초라하기 그지없는 사업의 출발은 본인의 퇴직금에다 아버지가 일부 빌려주고 보증을 서는 식으로 시작했다.

이 회장이 사업을 시작할 수 있었던 건 그를 도와준 소중한 인연이 결정적인 계기가 됐다. K사에 근무할 당시 한 대만인 사업가와 맺은 연은 지금도 이어진다. 이 대만 사업가는 자국 내 철도 보수용 기관차량인 소위 '모타카'를 한국에서 제조할 수 있는지 문의해 왔다. 국내 시장을 아무리 조사해 봐도 이를 제조할만한 기업은 없었다. 이 회장은 대만인 사업가에게 이런 현실을 보고했다. 대만 사업가는 고심 끝에 이 회장에게 사업을 제의했다. 자신이 신용증을 써 주겠으니, 같이 해보자는 거였다.

당시 국내서는 수출 드라이브 정책을 펴던 시절. 대만인 사업가가 써 준 신용장은 당시 이 회장에게 엄청난 자산이 됐다. 은행에서 돈을 빌릴 때 그 효과가 즉시 나타났다. 이 회장은 자신이 가장 잘 아는 분야인 만큼 본격적으로 특장차 분야에서 영업으로 사업을 이어갔다. 해외 바이어들과 접촉해 물량을 따낸 뒤 수주받은 곳에 납품하는 형태였다.

이텍산업은 올해 설립 22년째다. 사실 특장차 분야라면 '수입해 쓰지 않느냐'는 의문과 함께 일반인들에겐 생소한 분야다. 이 회장은 이를 철저히 국산화해 알짜 기업으로 키웠다. '외산 장비의 국산화'라는 모토를 내걸고 끊임없이 투자한 결과다.

한때 수년간 매년 30%에 가까운 성장세를 보이며 기업의 덩치도 커졌다. 계열사인 이텍티디에이와 이텍네트웍스 등 세 회사를 모두 포함해 1100억 원이 넘는 매출을 올린다. 국내 특장차 시장에서 둘째가라면 서러울 만큼 시장 점유율 확대는 물론 무서운 성장가도를 달리고 있다. 회사 설립 초기부터 20년 넘게 축적한 국산 신기술과 경험을 바탕으로 수입 장비의 국산화에 성공한 때문이다. 최근에는 활주로 제설차를 국산화해 국내 공항 및 미군 등에 공급한다. 4륜·6륜 구동장치 및 군경용 특수장비도 개발해 수출하고 있다.

'1인 제조기업', '1인 창조기업', '1인 지식기업' 등 1인 사업가가 늘고 있다. 시작은 1인이지만 기회만 있다면 큰 사업으로 키울 수 있다. 이 역시 대기업이 뛰어들지 못하는 분야다. 잘 생각해 보면 대기업이 못하는 일은 많다. 대기업들은 특성상 제품의 메리트보다 디메리트가 훨씬 많은 시장에는 쉽게 뛰어들지 않는다. 즉, 대기업은 그들이 먹을 수 있는 만큼의 이익이 발생하지 않기 때문이다. 하지만 중소·중견기업들은 어느 정도 매출이 올라도 기업 운영이 가능하다. 시장이 소규모여서 세일즈가 번거롭고 귀찮으며 비용이 많이 들면 대기업은 눈길을 주지 않는다. 하지만 작은 기업들은 비용 없이 하는 방법을 찾고 번거롭고 귀찮은 세일즈도 감수한다. 그렇게 시장을 독점해 나가면서 성장한다. 누구도 처음부터 위대해질 수는 없다.

이두식 회장은 종종 회사 성장의 첫 번째 비결로 자신의 '감성 경영'을 꼽는다. 그는 감각이나 감성적으로 느끼는 대로 일을 추진하는 경향이 많은데, 틀린 적이 거의 없다고 말한다. 떠오르는 추상화와 추진력을 경영에 접목하는 '감성 DNA'가 가장 큰 무기라는 것. 경영에 '감성의 옷'을 입혔다는 게 그의 생각이다.

경영에 인문학적 감성이 접목된 그의 DNA가 자체 발광한 건 아니다. 유학자이자 서예가로 성균관 부관장을 역임한 부친의 가풍을 받은 영향도 크다. 그는 공장에 근무하는 직원들의 작업복도 '멋'을 추구하는 쪽으로 모두 바꿀 계획이다. 특수 분야인 특장차 산업을 감성 DNA로 재해석해 발전시키는 셈이다.

이 회장의 감성 경영은 독특한 형태로 표출되기도 한다. 사람은 누구나 태어나 정해진 성품, 기질, 그릇, 크기가 있다는 것. 그래서 작은 그릇에 큰 걸 담으려 하면 넘치기 마련이며 소용없다고 말한다. 하지만 그 그릇과 크기를 키우는 방법은 나눔과 환원 밖에 없다고 단언

한다. 불교 신자인 이 회장은 이를 '보시'라고 표현한다. 그릇을 키우려면 보시밖에 없다는 것. 나누고 베풀면 종지가 대접이 된다. 자신의 크기를 키울 수 있다고 말이다. 감성 DNA가 풍만한 '그릇 담론'인 셈이다.

그가 말하는 두 번째 성공 비결이 '도전 정신'이다. 그는 지금도 '자신이 가장 잘할 수 있는 분야에서 사업을 하면 실패할 확률이 줄어든다'고 확신한다. 그 역시 자신이 잘 알고 할 수 있는 분야에서 한 우물을 판 기업인이다.

그는 '경영이란 끊임없는 도전과 실패의 반복 등 희생과 고통 없이 이룰 수 없는 시행착오의 연속'이라고 정의한다. 성공의 차이는 있겠지만 도전과 실패를 극복하다 보면 더 큰 기회가 주어진다. 이를 또다시 넘어서면 더 큰 성공이 찾아온다. 좌절과 패배를 이겨 낸 후 오는 성공의 감회는 남다를 수밖에 없다.

이 회장은 세 번째 성공의 비결로 '소중한 인연'을 꼽는다. 그는 지금도 자신을 물심양면으로 지원해 준 대만 사업가와 종종 연락을 하고 만난다. 지금은 그의 아들과도 인연을 이어가고 있다. 이 회장은 대만인 사업가를 '비즈니스 파더'라고 부른다. 시작할 때 도움을 받은 인연을 소중히 여기고 있는 것이다. 성공한 후 잊어버릴 수 있는 소중한 인연을 잘 지켜낸 것이 나중에 더 큰 자산이 될 수 있다는 것을 이 회장은 보여준다. 어려서 다양한 경험을 쌓고 처세술을 익힌다면 세상살이 공부를 한 셈이 된다. 남들처럼 공부하고 자격시험 보고 학원 다니고 좋은 대학 나와 대기업이나 공무원이 되면 세상에서 성공한 것으로 생각하는 오늘날 젊은이들에게 이 회장은 남과 똑같이 살지 말고 자신이 하고 싶어 하는 일을 하며 살라고 말한다.

> 흔히 성공한 사람들은 '맛을 안다'고 한다. 눈물 젖은 빵맛을 알고, 잠깐 눈을 붙인 단잠 맛을 알고, 혼자 울어본 눈물 맛을 안다. 성공한 사람들은 또 '멋을 안다'고도 한다. 바쁜 가운데서도 잠시 여유를 즐기는 멋을 알고, 사람과 함께 하는 멋을 알고, 어렵게 번만큼 제대로 쓸 줄 아는 멋을 알기 때문이다. 이두식 회장은 '맛'과 '멋'을 아는 사람이다. 그런데 성공했기 때문에 맛과 멋을 안다기보다는 이미 그 '맛'과 '멋'을 알고 있었기에 성공했는지도 모른다. 대기업이 모든 걸 다 하고 있다고 생각하면 오산이다. 맛과 멋은 그 틈새에서도 찾을 수 있다. 자신이 잘 알고, 잘할 수 있는 그 일 속에서 맛과 멋을 끄집어 낼수 있다.

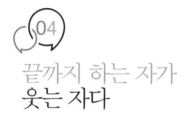

끝까지 하는 자가
웃는 자다

04

"끝까지 두드리는 자에게 문은 열린다"

금곡 석창우 화백. 팔 없는 화가로 더 유명한 석 화백은 우리에게 적잖은 메시지를 준다. 그는 양팔 없이 입과 발가락 사이에 붓을 끼워 화선지에 인생을 그린다. 그가 주로 그리는 그림은 '자전거'다. 석 화백의 '빠름'과 인생의 '굴곡 · 도전 · 성취와 비상'을 표현한다. 자전거는 밟지 않으면 쓰러진다. 그래서 석 화백은 인생의 의미를 자전거에서 찾는다. 인생도 자전거 페달처럼 열심히 밟아 나가야 한다는 의미에서다.

석 화백은 서양식 '크로키'와 동양화의 '먹'을 결합해 독창적인 화풍을 확립한 '수묵(서예) 크로키'의 세계적인 대가다. 나이 30살, 한 발전센터에서 전기기사로 일할 때 고압선에 감전돼 양팔과 왼쪽 발가락 두 개를 잃었다. 첫째 아들이 태어난 지 겨우 50일 만에 당한 사고다. 그 후 1년 반 동안 생사를 넘나들며 줄곧 병원 신세를 졌다. 수술만 12차례나 받았다.

그림은 1988년 초 '독수리를 그려 달라'고 졸랐던 아들 때문에 우연히 시작했다. 석 화백은 양팔이 없어 아무것도 하지 않는 아빠가 되기보다 팔은 없지만 뭔가를 열심히 하는 아빠가 되고 싶었다. 의수에다 붓을 끼워 간신히 그림을 그릴 수 있었다. 그는 시간이 흐르면서 성경의 구절처럼 '구하고 찾고 두드리면 문이 열린다'는 확신을 갖게 됐다.

석 화백은 30살 때 사고를 당한 이후 '앞으로 30년은 손 없이 죽도록 살아보자'고 다짐했다. 어느새 수묵 크로키에 빠진 지 30년을 훌쩍 넘겼다. 석 화백과는 2015년 10월 말쯤 만났다. 당시 그와 만났을 때 불현듯 '붓을 든 검객'이란 말이 떠올랐다. 차분하면서도 두 발로써 내려가는 붓 끝은 절제된 듯하면서도 힘이 넘쳐 보였기 때문이다. 끊임없는 그의 열정이 엿보이면서도 기나긴 인내와 두드림 끝에 얻은 고수의 풍미가 느껴지는 만남이었다.

인삼 하나만으로 기존 인삼시장의 높은 벽을 깬 농업회사법인 (주)한국흑홍삼 이창원 대표. 그 역시 석 화백과 같은 이미지가 떠오르는 기업인이다. 이 대표의 사명감은 '인삼의 세계화'다. 이 사명 하나만으로 지난 26년이라는 긴 항해를 했고, 마침내 인삼 세포 파벽 기술을 개발해 그 꿈을 이뤄가고 있다. 그가 개발한 기술은 인삼 세포벽 파쇄에 의해 사포닌이 더 많이 함유된 홍삼을 통째로 먹는 것이다. 지금까지 나온 기술 중 영양 손실이 없는 가장 뛰어난 방법이라고 그는 자부한다.

학창 시절 가수가 꿈이었던 그는 어느 날 아침 신문을 보다가 손을 움켜쥐고 무릎을 치면서 확신을 가졌다. 1990년 어느 날 '(1996년 6월 30일 자로) 홍삼 전매제가 폐지된다.'는 짤막한 내용이다. 이 기사를 본 이 대표는 가슴이 떨렸고, 인생의 목표를 새롭게 결정했다. 그때부터 닥치는 대로 인삼 관련 자료를 수집하고 연구에 몰두했다.

하지만 인삼에 대해 알아갈수록 희망과 걱정의 교차는 커져만 갔다. 그동안 우리가 알고 있는 인삼에 관한 지식과는 정반대의 내용이 많았기 때문이다. 그는 역발상으로 접근했다. '어떻게 하면 증삼(홍삼화) 과정에서 천금 같은 인삼의 진액이 빠져나가는 걸 막을 수 있을까' 고민하기 시작했다. 파고들수록 증삼 과정에서 인삼의 진액 중 약 50% 정도가 소실된다는 사실을 알았다.

주위에선 수백 년 간 답습해 왔어도 아무런 문제가 없는데, 무엇 때문에 사서 고생하느냐며 만류하기도 했다. 7년 간 실험과 연구에만 매달렸다. 살고 있던 아파트도 팔아 단칸방 신세를 졌다. 가족들의 불만도 쌓여 갔다. 성공하기까지 새로운 길을 개척한다는 게 쉬울 수만은 없는 일. 그는 의지를 굽히지 않고 계속 두드렸다. 인삼 관련 이론 공부를 하면서도 수백 번을 찌고 말리고 분석하는 작업을 거듭했다.

드디어 1996년 기존의 홍삼보다 사포닌 함량이 200% 증가된 흑홍삼 개발에 성공했다. 특허도 받았다. 그가 한 작업은 1000년 동안

이어져 온 '홍삼은 붉은색이다'라는 고정관념의 틀을 깬 셈이다.

그럼에도, 현실의 높은 벽은 만만치 않았다. 또 다른 의문이 시작됐다. 인삼은 수용성 물질이 약 50% 정도로 열수 추출 시 그 절반이 버려진다는 사실이었다. 또다시 어떻게 하면 내린 홍삼 본연의 모든 영양소를 통째로 이용할 수 있을까 고민에 빠졌다. 이런 기술 개발이 쉬웠다면 기존 홍삼 제품을 생산하는 기업들이 증삼과 추출 등 홍삼 제품 제조과정에서 고유성분이 약 70%나 손실되는 것을 보고만 있었을까.

그의 역발상은 계속됐다. 연구 끝에 식물 세포벽에서 문제의 해결책을 찾았다. 식물 세포벽 물질은 셀룰로즈, 즉 섬유질이다. 이 물질은 체내에서 소화가 되지 않는다. 따라서 추출 시 물 분자가 용이하게 세포벽 내로 침투하지 못해 유효물질을 쉽게 얻을 수 없다는 사실이다.

방법은 오직 하나. 식물의 뼈에 해당하는 세포벽을 여는 것이라고 생각했다. 일반 추출보다 파벽 추출이 350% 정도 홍삼 성분 함량이 높아지고, 전체 성분의 생체이용률이 극대화된다. 체내 섭취된 용해물질은 2차 대사물로 효율적으로 전환돼 보다 뛰어난 고려인삼의 효능을 경험할 수 있다는 생각에 도달했다. 인삼의 효능은 사포닌 외에도 수많은 비사포닌 성분이 복합적으로 작용해 나타나기 때문이라고 봤다.

또다시 7~8년이라는 세월을 기술 개발에 매달렸다. 이때는 그에게도 어느 정도 인내심의 한계를 절감하는 시기였다. 이쯤 되면 '불광

불급'이 떠오른다. 미치지 않고서는 이루지 못한다. '인삼의 세계화'는 그의 내면에 있는 열정과 광기를 사로잡았다.

2003년, 드디어 식물세포 파벽 나노기술을 개발 완료했다. 이듬해인 2004년 그의 고향에 GMP(일종의 의약품 제조품질 관리 기준) 설비를 갖춘 공장을 건립했다. 이 대표는 인삼농장을 운영하며 연구기술을 견고히 했다. 그리고 국내 최초의 나노 표기 건강기능식품 1호 제품을 식약청 품목제조허가를 받고 탄생시켰다. 그가 개발한 SCI 논문을 여러 대학 연구진과 공동으로 발표해 국제적으로 기술의 우수성도 인정받았다. 13~14년이라는 긴 시간 동안 우여곡절을 겪은 끝에 한국 흑홍삼의 세계화 진출 기반을 다졌다.

그는 '식물세포의 벽을 깨고 발효를 더해 흡수율을 최적화시킨 파벽 발효기술은 인삼의 생명력을 달아내는 최상의 건강법'이라고 말한다. 그에게 인삼은 청춘을 바친 그 자체다. 인삼으로 시작해 인삼으로 끝을 맺겠다는 다부진 각오가 배어 있다. '미쳐야 목표에 도달할 수' 있듯이 그에게 인삼은 이미 미쳐 있는 대상 그 자체.

남이야 뭐라 하든, 이리 재고 저리 재고하지 않고 열정과 성실에 노력이 더해진 그의 일관된 삶의 태도를 보면 누구나 쉽게 성공할 수 있는 건 아니라는 겸허함도 보여준다. 남들과 똑같이 해서는 남보다 뛰어난 성과를 거둘 수 없다.

'부족한 사람은 있어도 부족한 재능은 없다'고 한다. 즉 실패와 성공의 차이를 조상이 물려준 수준 이하의 DNA 탓으로만 돌릴 수 없다는 것이다. 잘못된 조상 탓은 옛말이다. 실패했다고 자책할 필요도 없다. 지금 하고 있는 일에 대한 확신이 부족할 뿐이다. 배움이 습관이 되고 습관이 천성이 될 때까지 매달려야 한다. 한 가지 일에 미친 듯이 매달리지 않고는 성공할 수 없다.

인삼의 세계화를 외친 이창원 대표는 '자기실현적 예언'을 현실화하는 데 성공했다. 특이하게도 학자 출신이 아님에도, 그는 세계 3대 인명사전 중 하나인 '마르퀴스 후즈 후(Marquis Who's Who)' 2016년 판에 국내 인삼업계 최초로 등재됐다. 그의 '불광 불급' 기질은 국내 인삼 분야의 학계 인사가 아닌, 25년간 독학으로 인삼 연구에 천착해 온 그의 연구 내용을 국제적으로 인정받았다는 점에서 여실히 드러난다. 그는 현재 또 다른 '꿈'을 꾸고 있다. 최종 목표는 '한국 인삼산업단지'를 건립하는 것이다. 의료, 미용, 호텔, 인삼농장 등 글로벌 융복합 인삼테마파크를 만들려는 꿈 말이다.

❝과거나 지금이나 레드오션이 존재한다. 레드오션 속에서 누구는 보란 듯 성장하고 누구는 남 탓하기 바쁘다. 결국 생각의 차이며 끝까지 하는 실천력에 차이다. 끝까지 하는 과정은 쉽지 않다. 이 역시 누구는 끝까지 가고, 누구는 중도에 포기한다. 도올 김용옥은 모 방송에서 '비전 없는 학문은 없다.'라 외쳤다. 뒷방 할아버지이나 볼 것 같은 학문들이 다시 주목받고, 인건비가 싼 나라에만 존재할 것 같은 섬유

업이 우주복 제작 같은 특수 분야에 비전을 발견한다. 중도 포기한 사람은 다시 기회가 와도 잡지 못한다. 끝을 보는 사람만이 비전 없는 곳에서 비전을 발굴해내는 법이다. ”

05

기업가 정신
말로만 하지 말아라

"혁신은 고객의 머릿속에 있는 미래"

'기업가 정신.' 최근 부쩍 핫한 키워드다. 기업가 정신은 기업 활동에서 끊임없이 혁신하려는 정신을 말한다. 공정한 경쟁에서 살아남으려면 경쟁을 해야 한다. 이때 부정한 행위를 하지 않고 정당하게 경쟁하며, 신기술을 개발해서 혁신해가는 것이다.

기업가 정신을 말할 때 흔히 미국의 경제학자 슘페터가 강조한 말이 자주 인용되곤 한다. 그는 '새로운 사업에서 야기될 수 있는 위험을 부담하고 어려운 환경을 헤쳐 나가면서 기업을 키우려는 뚜렷한 의지'라고 말한다. 미래의 불확실성 속에서도 장래를 정확하게 예측하고 변화를 모색하는 것이 기업가의 주요 임무이며, 이게 기업가 정신이라고 했다. 한마디로 매일매일 새롭게 이끌어나가는 정신, 즉 혁신이다.

오래전부터 우리나라 기업들 사이에 이뤄지고 있는 후진국으로의 생산 시설 이동, 새로운 신흥 수출 시장의 개척 등도 이런 혁신에 속한다고 볼 수 있다. 이런 기업가 정신은 기업의 정당한 이윤 추구와 사회적 책임의 완수라는 의의를 지닌다.

기업가 정신이 부각되는 이유를 역으로 생각하면 기업가 정신이 부재된 상태라 볼 수 있다. 기업의 운명을 건 대규모 투자나 승부사적 기질로 과감한 사업 추진이 갈수록 부재되고 있는 상황이다. 단적인 예로 대기업의 골목상권 진입이다. 서민들의 창업 아이템인 빵집을 대기업이 하고 있다. 대기업이 빵집을 경영한다는 것이 나쁘다는 것이 아니다. 대기업의 규모나 자원을 본다면 기업가 정신이 부재된 것이 아닌지 생각할 때가 있다. 다시 한번 대기업들의 기업가 정신을 기대해 본다.

(주)아록 이엔지 최장환 대표의 경영 철학 중 하나가 '우문현답(?)'이다. '우리의 문제는 현장에 답이 있다'는 것. 중소업체지만 창업 당시부터 지금까지 '기술로 승부해야 한다.'는 소신에 변함이 없는 그다. 향후 신기술을 기반으로 한 '100년 기업'을 만드는 게 목표다.

최 대표는 하수관거를 보수할 때 비굴착, 즉 땅을 파지 않고 보수를 하는 신기술 '비굴착 (상)하수관거 보수공법'으로 국내서는 따라올 기업이 없을 만큼 기술 기반을 다진 CEO다. 중소업체 입장에선 장비 구입이나 신기술 개발에 대한 진입장벽이 높은 게 현실. 그럼에도, 국내서 미개척 분야를 꾸준히 개척한 그의 의지가 돋보이는 부분이다.

2015년 11월 초 만났을 때 자리에 앉자마자 최 대표는 "남들과 똑같이 해서는 성공 못한다"고 잘라 말했다. 기술 경영과 끊임없는 혁신에 대한 강한 집착을 엿볼 수 있는 첫마디였다.

최 대표는 1998년 (주)대농건설을 설립했다. 2005년 회사명을 바꾼 현 아록 이엔지의 모태다. 하지만 그의 건설업 역사는 회사 설립 역사보다 길다. 회사는 17년 됐지만 그의 건설업 경력은 20년이 넘는다.

그는 대학에서 회계학과를 졸업한 특성을 살려 건설기술분야 엔지니어링업체에서 일하다가 건설업에 눈을 떴다. 아록 이엔지(대농건설)의 이사로 재직하던 중 이 회사 대표가 개인 사정으로 회사 문을 닫으려 할 때 아예 통째로 인수했다. 실업자로 내몰릴 직원들의 처지도 걱정했지만 이 분야 강소기업을 만들어보겠다는 욕심도 발동했다.

회사 이름이 독특하다. '아록'은 '알록달록'의 순우리말로 '알록달록 아름다움의 극치 또는 조화롭다'라는 의미를 담고 있다. CEO의 경영철학을 단적으로 엿볼 수 있는 부분이다.

최 대표는 회사를 인수한 후 회사명을 지금의 아록 이엔지로 바꿨다. 그리고 단 하나만 생각했다. 남들과 똑같이 하면 경쟁력이 없다는 것. 선택과 집중을 해야겠다고 마음먹고 고집스럽게 파고든 분야가 상하수도 분야 '비굴착' 공법 개발이다.

처음엔 부분 보수만 할 수 있었다. 기술력이 뒷받침되지 못했을 때 얘기다. 지금은 전체 보수로 확대할 만큼 기술도, 회사도 성장했다. 지난 15년간 비굴착 보수·보강 전문 시공분야에서 독보적 위치에 오른 것이다.

사실 중소기업, 그것도 상하수 관로 보수 분야는 장비나 기술개발 면에서 진입장벽이 매우 높은 게 현실이다. 중소업체가 신기술을 개발하고도 도산할 수도 있다는 것이다. 미개척 분야인 만큼 장비 투자는 물론 기술개발에 대한 투자에도 꽤 많은 비용이 들어가기 때문이다. 이는 중소기업이 좀처럼 뛰어들기 쉽지 않은 배경이 된다.

최 대표는 꾸준히 현장에서 답을 찾아 나갔다. '언제까지 땅을 판 뒤 노후화된 관을 교체하는 전근대적인 방법으로 할 것인가.' 그는 고비용 저효율 문제를 개선하기 위해 끊임없이 고민했다.

최 대표는 5~6년간의 연구 끝에 노후 상하수도 관로에 대한 전체보수공법 및 부분보수공법을 개발했다. '다기능 안전고압호스를 이용한 하수관거 비굴착 전체보수공법(MSHS공법)'이다. 국내 상하수도 업계 최초다.

아록 이엔지가 보유한 MSHS공법은 땅을 파지 않고 노후한 하수도 관로를 보수·보강할 수 있는 차세대 비굴착 기술이다. 이 기술로 아록 이엔지는 2013년 국토부로부터 신기술 인증을 받았고, 같은 해 중소기업청장 표창 수상 및 기술보증 벤처기업 인증을 획득했다.

이 기술이 개발되기 전에 국내 현실은 어땠을까. 과거 노후화된 하수도 보수공사를 할 때는 대부분 땅을 파서 공사를 하는 굴착공사로 진행했다. 그런데 굴착공사를 할 경우 공사기간 교통 및 보행자들에게 큰 불편을 끼쳤다. 이에 따라 극히 일부 업체에서만 땅을 파지 않고 보수하는 비굴착 보수공사가 주목을 받아 왔다. 특히 아록 이엔지가 보유한 MSHS공법은 기존 비굴착 보수공사에 비해 시공 기간을 절반으로 단축할 뿐만 아니라 원가도 크게 절감할 수 있다.

MSHS공법은 고압 호스의 나선형 증기 배출시스템으로 하수관 내부에 균일하게 열을 분사하는 기술이다. 기존의 비굴착 보수공법이 하수관 한쪽에서만 열을 분사하기 때문에 열이 고르게 전달되지 않는 문제점이 있었다. 반면 MSHS공법은 순차적 스팀공급이 아닌, 안전 고압 호스를 통해 동시에 균일한 스팀을 분사시켜 에너지 효율을 극대화했다. 이로 인해 시공기간도 절반 가까이 단축할 수 있게 됐다.

최 대표는 비용 측면에서 봤을 때 굴착공법이 '100원'이라면 MSHS공법은 '70원'이면 해결된다고 강조한다. 여기다 굴착공법에 의한 관로 수명이 25년이라면 MSHS공법은 50년은 거뜬하다는 것이다.

최 대표의 선택과 집중을 통한 고집스러운 기술개발은 각종 성과로 이어졌다. 그는 이 공법으로 2014년 국내 S그룹 계열사와 최초로 수의계약을 따냈다. 같은 해 '2014 신한국인 대상'에서 경영인 부문 대상을 수상한데 이어 2015년 3월 이 신기술 공법으로 국내 과학기술계 최고의 상인 장영실상에서 기술혁신 부분상을 수상하기도 했다.

현재 아록 이엔지가 등록 보유한 특허는 15건. 그는 특히 사회적 문제가 되고 있는 싱크홀 문제를 해결하기 위해 본사 사옥 내 땅을 파서 임상실험을 할 만큼 끊임없는 열정을 뿜어내고 있다.

그는 회사를 경영하면서 두 번의 어려움이 있었다. 한 번은 과거 건설사끼리 상호보증을 서 주던 시절, 보증을 서준 상대 회사가 도산하면서 최 대표 역시 무일푼이 됐던 시절이 있었다. 이후 다시 일으켜 세운 회사가 1990년대 후반 불어 닥친 IMF 외환위기의 파고를 넘지 못하고 자금난으로 도산했다. 그 뒤 현 회사를 다시 일으켜 세운 장본인이 최 대표다.

과거 국내 건설업 분야는 각종 로비, '관피아'로 불리는 인적 네트워크, 물밑 거래(?) 등이 끊이지 않던 시절이 있었다. 하지만 최 대표는 관피아 등 정관계 인맥을 활용하려고 애쓰지 않는다. 사회 일각에서 관행처럼 이뤄지고 있는 퇴직 공무원 채용도 절대 하지 않는다. 사업의 기본, 즉 정석대로 최선을 다 하는 게 본분이라는 생각에서다. 그의 이런 경영 철학에서 '더디게 가지만 크게 될 수 있다'는 사실을 확인할 수 있다.

최 대표는 해외 시장도 노크하고 있다. 차세대 비굴착 공법을 기반으로 해외 시장을 적극 공략하겠다는 것이다. 그래서 최근 중국시장을 주시하고 있다. 중국의 경우 20년 이상 된 도시가 많다. 이런 가운데 오래전부터 유럽 선진기업들이 중국 시장에 잇따라 진출하고 있다. 아록 이엔지는 이 넓은 중국시장 개척에 나서겠다는 목표를 세웠다. 실제 2014년 중국 톈진시에서 기술 도입 제안서를 받기도 했다. 이를 시작으로 중국 전역으로 판로를 확대해 보겠다는 구상이다. 그의 또 하나 목표는 하수도뿐 아니라 상수도 시장에도 도전하는 것이다.

그는 기업도, 경영도, 기술개발에서도 스스로 한계를 정해 놓지 않는다. 실패는 기업가의 당연한 그 무엇과도 같은 것이다. 능력이 부족해서가 아니라, 스스로 부족하다고 생각해 포기할 때 실패한다는 것이다. 그래서 자신의 능력에 '선을 긋지 말라'고 강조한다.

최 대표의 꿈은 '100년 기업'을 만드는 것이다. 그는 아록 이엔지를 자신 혼자만의 기업이라고 생각하지 않는다. 장수기업을 만들기 위한 틀을 짜는 것이 자신의 역할이라고 말한다. 자신이 없더라도 기술을 기반으로 하는 기업, 기술 역시 지속 성장할 수 있는 기업이 되길 바란다. 최 대표는 슘페터가 말한 '창조적 파괴, 새로운 결합, 남다른 발상'이란 표현이 누구보다 잘 어울리는 기업가다.

06

불가능,
도전하지 않는 자의 핑계

....

....

....

"자신감을 가지면 절반은 성공한다"

챙겨보는 다큐 중 하나가 지구다큐다. 진화론적 관점에서 단세포로 출발한 우리는 46억 년이란 시간 끝에 지금의 모습으로 살아간다. 지금은 균형 잡힌 지구처럼 보이지만 실상은 그 반대다. 영화에나 나올 법한 혜성 충돌, 빙하기, 대규모 지각변동, 화산 폭발 등 생명은 끊임없이 종말을 강요받았다. 그렇지만 생명은 살아남았고 사고를 지닌 우리까지 탄생되었다. 생명은 안정된 바다를 떠나 육상으로 진출하는 등 도전을 거듭했다. 하나의 종에서 탄생한 모든 생명 속에는 도전하는 유전자가 있다. 그렇지만 우리는 도전하는 유전자가 있는지도 모른 채 안정을 추구하며 살아가는 게 아닌지 생각할 때가 있다. 혁신은 도전이며 우리는 태생적으로 도전하는 유전자가 있다고 생각한다. 한 단계 연결해서 모두는 기업가 정신이 존재하고 있다. 차이는 용기와 실천력의 차이뿐이다.

지금은 지역의 대표적인 향토기업이면서 전국적인 건설사로 자리 잡은 계룡건설. 이 역시 이인구 명예회장이 1970년 창업한 이후 46년 간 불가능에 대한 도전과 개척정신으로 점철된 역사 그 자체다. 이 명예회장은 '하면 된다, 불가능은 없다'는 강력한 리더십의 소유자다. 계룡건설 46년의 발자취는 지속적인 성장과 도약의 역사다.

계룡건설은 창업주인 이 명예회장의 삶과 궤적을 같이 한다. '건설 인생'을 보면 그의 열정을 인정하지 않을 수 없다. 6·25 때 미 군 사고문관 통역을 맡았던 것을 계기로 공병대 장교가 돼 낮에는 교관을 하고, 밤에는 미 국방성에서 보내는 각종 훈련서적을 번역하는 데 눈코 뜰 새가 없었다. 60년대 후반에는 군인 신분으로 경부고속도로 건설 사업에도 참여했다. 제대 후에는 공병대 장교를 하면서 알게 된 미군 공병부장의 권유로 미국에 건너가 300만 달러를 빌려오기도 했다. 위기일 때 더욱 빛을 발하는 것이 이 명예회장 특유의 도전정신이다.

소규모 건설공사를 주로 맡아하던 계룡건설 합자회사가 경영난으로 도산 직전의 위기에 놓인 때가 있었다. 이 명예회장은 일부 지인들과 함께 이 회사를 매입했다. 이어 1970년 1월 20일 12평 남짓한 사무실을 연다. 회사는 이때를 계룡건설의 창업 시점으로 삼고 있다.

기업인에게 위기는 있는 법. 자금난으로 막다른 골목에 이르자 그는 당시 D생명을 찾아가 "만일 내가 생명보험에 가입하고 자결하면 사망보험금이 나오냐?"라고 물었다. 부도가 나면 그것으로 책임을 지며 가족을 보호하겠다는 생각에서다. 가입 후 2년 뒤에는 자살도 보험금을 받을 수 있다는 답변을 듣고 1억 원짜리 보험에 들었다. 건설업계에 전해져 오는 '이인구 자살 시도설'의 진상이다.

이 명예회장은 말 그대로 죽음을 불사한 각오로 회사를 지켜낸 일화가 많기로 유명하다. 계룡건설은 1979년 4월 당시 갑년체전(지금의 전국 체육대회)을 불과 6개월 앞둔 시점에서 주경기장이 될 대전 공설운동장 메인스타디움 건설 공사를 맡는다. 이것이 계룡건설 역사상 큰 획을 긋는 대역사가 된다.

이 공사는 원래 개최 1년 반 전인 1978년 봄 충청남도가 공개입찰을 통해 서울의 중견 건설업체인 D종합건설사를 시공사로 선정했다. 그런데 체전 개막 6개월을 앞두고 이 회사가 도산했다. 공사 진척도 지지부진한 상태였다. 본부석 쪽 기초공사만 끝낸 상태였고, 본부석 양쪽은 토성이 그대로 남아 있던 터였다. 체전 전에 공사를 끝낼 수 없다는 것이 당시 업계의 중론이었을 만큼 절박한 상황이었다.

급해진 충청남도는 당시 공사 도급 규모로 전국 5위 이내에 드는 국내 대형건설사에 이 공사를 맡겨 9월 말까지 완공시켜 줄 것을 요청했다. 하지만 업계는 모두 부정적이었다. 공기가 절대적으로 부족해 공사를 맡을 수 없다는 회신이 돌아왔다. 체전을 포기해야 할 위기감마저 팽배했다.

당시 충청남도 도지사는 대전지역의 4대 건설업체가 공동으로 주경기장 건설에 나서 달라고 종용하기에 이른다. 그때 대한건설협회

충남지부장은 이인구 사장. 이 사장은 즉시 4대 업체에게 동참해 줄 것을 호소했다. 그러나 업체 사장들은 냉담한 반응을 보였다. 추진력에 관한 한 전설적인 H사도 못한다는데 우리가 어떻게 해낼 수 있겠냐는 부정적인 답변들만 이어졌다.

결국 이 공사를 계룡건설이 단독으로 맡게 된다. 당연히 회사 간부들 전원이 회사가 망하는 일이라며 사표를 제출하면서까지 극렬 반대했다. 당시 공사 수주액은 16억 원 정도. 1978년 계룡건설의 매출액이 37억 원에 불과한 것을 고려하면 사실상 사운을 건 모험인 셈이었다. 이 사장은 당시 공사가 성공적으로 마무리되면 그때 간부들의 사표를 돌려주겠다고 설득하는 등 확고한 의지를 보였다. 기업가의 의지가 고난과 역경을 헤쳐 가는 힘, 직원들에게 미치는 영향력 등이 절대적이란 사실을 증명하는 일화다. 이후 간부들도 하나둘 동참하기 시작했다.

이때 이인구 사장은 충청남도 도지사에게 공사에 필요한 몇 가지 조건을 제시해 수락을 받아낸다. 먼저 운동장 한가운데에 4층 높이의 통제탑을 세우고 여기에 망원경, 마이크, 전화, 공사계획서, 도면을 비치해 진두지휘 체계를 구축한다. 이 통제탑에는 '180일 작전 앞으로 000일'이라고 커다랗게 쓴 표지판을 붙여 남은 날짜를 각인시키도록 했다. 동기부여를 한 것이다.

또 모든 작업자에게 위치별, 직종별로 색깔이 다른 안전모를 착용토록 했다. 1일 3교대 24시간 풀로 작업을 해 나갔다. 당시에는 통행금지가 있던 시절. 그래서 계룡건설이 발행하는 야간통행증을 가진 사람과 차량에 대해 통행을 허용토록 허락도 받았다.

군사작전을 방불케 한 이 공사는 결국 완공 목표일인 그 해 9월 30일을 며칠 앞당겨 완료됐다. 위기에 처한 충청남도 역시 구했다. 당연히 절대 공기가 부족하다며 거부했던 지역 건설사는 물론 전국의 내로라하는 대형 건설사들도 놀라긴 마찬가지였다.

운동장에서 간단한 위로잔치가 열리던 준공식 날 저녁, 긴장이 풀린 이인구 사장은 행사 도중 쓰러져 병원에 입원하는 신세가 됐다. 체전을 차질 없게 만든 이때의 공로는 단순히 대형 공사를 무사히 마쳤다는 의미와는 다른 값진 것이다. 이 공사는 당시 이인구 사장의 '개척 정신'과 '도전 정신'이 하나가 돼 불가능을 현실로 바꾼 쾌거다. 이 사장 역시 '자기실현적 예언'을 현실화해 낸 기업가로 이름을 날리기 시작했다.

계룡건설은 1980년대 매출액 신장세를 타면서 중견기업으로 비약적인 성장을 한다. 이 시기에 D콘크리트공업을 인수해 첫 계열사를 만든다. 또 계룡화물, 계룡관광개발회사 등을 잇달아 설립했다. 1983년 10월 회장제를 도입해 이 사장이 초대 회장을 맡게 된다. 1990년대는 안정적인 성장의 시대를 맞는다. 이때는 계룡건설 역사상 가장 기록적인 일들이 많이 발생하는 시기다. 당시 200백억 원에 달하는 지역은행 전산센터 신축공사 수주를 시작으로 대전엑스포의 각종 전시관 및 공연장 공사 등을 잇달아 완수한다. 그리고 1996년 1월 증권거래소에 주식을 상장하기에 이른다. 그리고 같은 해 이 회장은 2선으로 물러나 명예회장을 맡는다.

계룡건설은 현재 건설, 토목, 주택 등 순수 건설 분야를 비롯해 플랜트, 레저와 유통, 산업단지, 해외 개발 등에 이르기까지 종합기업으로 성장했다. 2조 원에 가까운 매출액을 적극 감안하면 사실 중견기업을 넘어 대기업 반열에 올랐다고 해도 과언이 아니다. 하지만 이 명예회장은 여전히 대기업임을 스스로 인정하지 않는다. 기업가 특유의 겸손이 몸에 밴 탓일까. 창업 초기 이 명예회장의 정신을 그대로 나타낸다.

기업가 정신의 핵심을 도전과 열정으로 요약할 수 있다. 성공을 향해 뛰는 많은 사람들이 있다. 그러나 그들 중 상당수가 성공의 사다리를 오르지 못한다. 그들은 성공으로 향하는 열차를 움직일 충분한 열정이 없기 때문에 그렇다. 단지 성공에 대한 욕심만 있기 때문이기도 하다. 도전하지 않고 작은 성공에 만족하는 것 역시 더 큰 사다리를 오르지 못하는 이유다.

이 명예회장은 남들이 걸어간 길을 안전하게 뒤따라가는 것을 거부한다. 실패를 두려워하지 않고 남들이 가지 않은 길을 개척하고 싶어 한다. 그의 이런 정신은 기업 경영 전반에 그대로 녹아들어 하나의 기업문화가 됐다.

“ 주체할 수 없는 도전과 열정의 파도가 밀어 올리지 않는다면, 성공의 해안가에 도달할 수 없다. 열정은 막힌 길에서 아이디어를 만들어내고, 아픔을 치유해준다. 도전과 열정이 우리에게 안겨주는 최대의 선물은 ‘포기를 잊게 만들어준다’는 점이다. ”

규모보다 꿈의 크기를
먼저 키워라

"꿈과 목표를 정했다면 즉시 실행하라"

개인이든, 기업이든 성공하고 싶다면 먼저 꿈과 목표를 가져야한다. 누구나 자신만의 꿈을 가지고 있지만 모두가 그 꿈을 이루는 것은 아니다. 그렇다면 어떻게 해야 꿈을 이룰 수 있을까? 세계적인 경영의 대가 피터 드러커는 목표를 정하는 목적이 무엇인지 인상적으로 밝히고 있다.

"모든 기업은 단순하고 분명하며 직원 모두를 뭉쳐줄 목표가 필요하다. 이런 목표는 이해하기 쉽고 도전해볼 만한 내용이어야 하며, 이것으로 인해 회사의 모든 사람이 공통의 비전을 갖게 돼야 한다. 우리는 오늘날 자주 기업문화라는 것에 대해 말하는데, 알고 보면 그것은 기업 전반을 관통하는 '공약'이자 동일한 목표와 가치관을 갖겠다

는 약속이다. 이런 목표들을 기업의 경영자는 생각해내야 하고, 공표
하고 제시해야만 한다."

'직선코스에서 경주용 모터사이클은 최고 시속 300km 이상의 속
도로 질주한다. 엔진은 굉음을 내고, 레이서는 헬멧 앞의 공기를 벽처
럼 무겁게 느끼게 된다. 그의 눈앞에서 정면을 제외한 주위의 사물은
흐릿하게 사라져 간다. 모든 감각은 눈으로만 집중된다. 순간의 실수
로도 생명이 위험해지는 순간. 믿을 수 있는 것은 헬멧, 그리고 레이
서가 입고 있는 경기복 뿐이다.'

갑자기 모터사이클 경주 얘기를 왜 꺼냈을까. 지금부터 뚜렷한
목표와 한 우물을 파 국내는 물론 세계 정상에 오른 기업인을 소개하
고 싶어서다.

세계적인 모터사이클 프로 레이서의 경기복 안감을 보면 10명 가
운데 4명 이상은 'Hanil'이라는 로고가 새겨진 경기복을 입고 다닌
다. 그런데 발음이 왠지 친숙하다.

오토바이 경기복 제조업체인 한일 박은용 회장. 미국, 일본, 유럽
의 세계적인 오토바이 의류회사들이 한일의 고객들이다. 이 회사의
세계 시장점유율은 유럽에서 40%, 일본에서 80%에 달한다. 한일은
'모터사이클 경주복' 하나로 세계 시장의 40%를 석권하고 있는 기업
이다.

이 회사는 한때 일본기업의 하청을 받던 조그만 업체에 지나지

않았다. 그런데 어떻게 이 회사가 세계 시장을 제패할 수 있었을까? 한일이 독보적인 기술을 갖추기까지는 많은 땀과 노력이 배어 있다. 무엇보다 박은용 회장의 확실한 목표 설정과 함께 스스로 쉼 없이 배우고 다듬고 자신의 꿈을 격려한 때문이다.

모터사이클 경기복 가격은 한 벌에 100만 원이 넘는다. 단순한 옷이 아니기 때문이다. 경기복은 두껍고 질긴 소가죽을 튼튼하게 바느질해 이은 뒤 사지(四肢)의 관절과 등 부위에 강화 플라스틱으로 된 보호대를 집어넣어 만든다.

제조사들은 그래서 0.1초를 다투는 레이스에서 좋은 성적을 올리기 위해 이 모든 과정에서 단 몇 g의 무게라도 줄이려고 애를 쓴다. 현재 세계 여러 나라 업체들이 오토바이 경기복을 만들고 있다. 일부 경쟁업체들이 만드는 경기복 가격은 한일 제품의 3분의 1에 불과하다.

하지만 유명 선수를 비롯해 세계 각국의 고객들은 한일의 제품을 선택한다. 기술 수준이 월등하게 뛰어나기 때문이다. 특히 고급 경기복 시장에서는 한일과 경쟁할 수 있는 상대가 없다. 이탈리아의 알피네스타, 미국의 조로 킷, 일본의 난카이 등 각국 최고의 브랜드가 한일의 경기복을 주문받아 자신들의 상표를 붙여 판매한다.

1980년대까지만 해도 일본 기업들이 이 분야 선두였지만 지금 일본 시장은 한때 일본 업체의 하청업체였던 한일의 것이 됐다. 유럽에서도 한일의 명성이 높아졌다.

박 회장이 처음부터 가죽의류 사업을 한 건 아니다. 그런데 특유의 사업가 기질이 있었다. 고교 재학 중 용돈을 모아 지인과 함께 고향 시골에서 다방을 열었고 돈도 제법 벌었다. 이후 경북대 사범대학에 응시하러 갔다가 대구 칠성시장 골목의 가게들이 문전성시를 이루는 것을 보고 그 길로 그곳에 가게를 얻었다. 선생님이 되기보다는 사장님이 되는 게 낫겠다고 판단한 것이다.

그는 대구에서 사이다 대리점 운영부터 연탄 판매, 밀가루 유통 등을 했다. 군에서 제대하고 사회에 나오니 지인에게 맡겼던 사업이 쫄딱 망해 있었다. 이때부터 그의 험난한 인생역정이 시작된다. 남들에게 손을 벌리는 것을 싫어하고 자존심도 강했던 그는 한 재래시장에서 상품 포장을 시작했다. 이어 의료제작, 산소용접 등 수많은 직업을 전전한 끝에 칠판업체인 A사에 입사했다. 그가 고급 가죽의류 시장에서 정상에 오르기까지 거쳐 간 직업만 18가지다.

그러다 그의 나이 33살 때인 1974년 한일을 창업했다. 그는 사업이 성공할 수 있었던 이유를 몇 가지 든다. 먼저 뚜렷한 목표다.

시속 300㎞를 넘나드는 극한의 스피드 스포츠 모터사이클 레이서들은 0.01초라도 랩타임(lap-time)을 줄이기 위해 생명을 건 위태로운 질주를 벌인다. 이들에게 안전장치라곤 단지 헬멧과 특수 제작된 경기복 뿐이다.

머리만을 보호하는 헬멧과는 달리 경기복은 착용자의 팔·다리와 몸통, 즉 두부(頭部)를 제외한 신체의 모든 부분을 보호해야 한다. 이를 위해 강화 플라스틱을 비롯해 특수 처리된 가죽 등 다양한 소재가 필수적으로 사용된다. 안전성을 중시하기 위해서는 경기복의 주재료가 되는 가죽 층이 두꺼워야 하지만 속도의 손실은 피할 수 없게 된다. 반면 스피드만을 중시하다 보면 옷이 얇아지게 되고, 따라서 선수의 생명을 보장하기 어렵게 된다. 더구나 얇은 경기복을 착용하면 심리적으로도 위축돼 대담한 레이스를 펼치기도 힘들다. '경기력'과 '안전'이라는 극한의 딜레마를 최대한 해결하기 위해 모터사이클 레이서들은 자연히 최상의 품질을 자랑하는 경기복만을 고집하기 마련이다.

한일은 1974년 소규모 봉제업으로 창업할 당시 H사 등 일본의 유명 모터사이클 제조사에 경기복을 납품하는 D피혁업체의 하청회사였다. 봉제 산업은 한국에서 사양 산업이 됐다지만 한일은 고집스럽게 봉제 산업에 계속 매달렸다. 40년 넘게 경기복에 매달려 지금은 세계적인 모터사이클 레이싱 의류 전문기업으로 컸다.

그는 가죽의류 사업이란 꿈을 갖고 창업했고, 고집스럽게 수작업을 통해 행동으로 실천했다. 한일은 과거 일본으로부터 전수받은 스카이빙 기술을 끝까지 수작업으로 하는 것을 고집했다. 반면 일본은 이를 기계에 의존해 '손맛'을 잃어버리는 우를 범했다. 스카이빙은 가죽을 얇게 깎아 내는 피혁 가공공정을 말한다. 세밀한 수작업의 정성과 그에 따른 경험이 축적돼 한일은 스카이빙 기술을 더욱 업그레이드시키는 경지에까지 올랐다. 이로 인해 한일은 일본의 하청업체에서 이제는 일본시장을 주무르는 상황으로까지 이끌었다.

두 번째는 성실성과 신뢰다. 박 회장은 창업 후 10년 동안 직원들 월급 주기도 힘들어 밖에서 다른 일을 병행하며 월급을 지급했다. 또 일본 업체와 거래를 할 때는 박 회장의 성실성을 신뢰한 H사의 한 임원이 박 회장에게 자녀의 결혼식 주례를 부탁하기도 할 정도였다. 그가 해외 바이어들의 신뢰를 쌓을 수 있었던 건 그들이 요구하는 품질과 납기일 및 디자인을 맞춰줬기 때문이다.

세 번째는 숙련된 가공기술이다. 이 회사는 유난히 장기 근속자가 많다. 물론 가죽의류 가공이 숙련 노동자를 필요로 하는 만큼 장기 근속자가 큰 자산이다. 박 회장은 기술 숙련자들을 극진히 대접했다. 사람을 포용하는 그의 그릇을 엿볼 수 있는 대목이다.

네 번째는 차별화된 디자인 능력이다. 한일은 자체 디자인연구소를 통해 연간 1000여 종의 신제품을 선보인다. 모터사이클 경기복은 다품종 소량생산 제품이고 프로선수용의 경우 맞춤형으로 제작된다. 다양한 제품을 디자인할 수 있는 능력이 필수다. 기술과 디자인이 앞서면 봉제 산업도 얼마든지 가능성이 있다고 본 것이다.

다섯 번째로 생산능력이다. 한일은 1994년 중국 산둥성 웨이팡에, 2011년엔 베트남 타이빈에 공장을 설립했다. 해외 공장에서는 1000여 명이 일하고 있다. 한일은 최근 미국 시장에 새롭게 진출해 10%가량의 시장을 개척하고 있다. 하지만 그의 꿈은 역시 세계 최대 시장인 미국 시장의 점유율을 높여 유럽 · 일본 · 미국 3대 시장에서 질주하는 기업을 만드는 것이다. 베트남 공장을 세운 것도 이 때문이다.

꿈을 이루려면 긍정적인 마인드가 필요하다. 자신을 긍정의 마음으로 격려하는 습관이 결국 스스로 인생을 바꿀 수 있다고 확신한다.

박 회장의 목표와 성공에 대한 갈망은 두려움 없이 계속 자신에게 엄격하고 지속적으로 실행에 옮겼다는 것이다.

박 회장의 외국어에 대한 도전에서도 이런 부분을 엿볼 수 있다. 그는 처음 일본 시장을 개척할 때 일본어를 하지 못해 손짓 발짓으로 소통했다. 그래서 새벽에 학원을 다니며 일본어를 익혔다. 지금은 일본 바이어들과 웬만한 상담은 물론 농담까지 주고받는 수준이 됐다. 중국에 진출할 때는 중국어도 익혔다. 베트남 공장을 건설하면서는 베트남어를 배우기 시작했다. 이 70대 중반의 기업인은 지금도 비즈니스에 필요한 대화를 할 수 있는 수준까지 공부한다고 말한다. 꿈과 목표를 정했다면, 그다음 어떤 상황에서도 가장 중요한 것이 실천이라는 사실을 박 회장의 인생이 잘 보여준다.

창업에 늦은 나이는
없다

"경험을 축적하라. 늦은 때는 없다. 준비가 안 돼 있을 뿐이
다"

사람들은 어떤 분야든 상관없이 성공한 사람들, 꿈을 이룬 사람
들의 얘기를 좋아한다. 성공한 CEO들은 간혹 꿈을 잊고 살아가는 30,
40대들에게 무언가 큰 일을 성취하려면 나이를 먹어도 청년이 돼야
한다는 얘기를 종종 한다. 인생에서 무엇을 하기에 너무 늦은 나이란
없다. 꿈도 마찬가지다.

은퇴를 고려할 나이인 50대에 창업해 전 세계의 패스트푸드점을
석권한 대표적인 기업인이 맥도널드 창업주 레이 크록이다. 늦은 나
이에 확신을 가지고 새로운 도전을 할 수 있었다는 것이 매우 놀랍고

대단하다. 그는 자신에게 찾아온 기회를 놓치지 않았다. 지금 세상에 널려 있는 패스트푸드점의 형태를 처음 갖춘 건 맥도날드가 시초다. 밀크셰이크 기기 외판원이었던 레이 크록은 맥도날드 형제의 가게에 반해 당뇨병을 앓고 있던 52세에 새로운 도전을 한다.

레이 크록은 1948년 일반 식당을 인수해 패스트푸드점으로 개조한 뒤 운영하고 있던 모리스 맥도널드와 리처드 맥도널드 형제를 끈질기게 설득한다. 결국 그 형제의 가게를 1954년 당시 950달러라는 헐값에 맥도널드의 프랜차이즈 사업권을 따낸다. 이듬해인 1955년에는 일리노이주 데스 플레인에 최초로 체인점 1호를 개점한다.

레이 크록은 자신의 인생 승부처가 왔음을 직감했고, 포기하지 않고 과감하게 승부수를 띄웠다. 그도 처음에는 맥도널드가 오늘날처럼 전 세계에 이처럼 많이 퍼질 것이라고는 생각지 못했을 것이다. 프로야구단을 운영하고 전세기를 몇 대씩이나 소유하고 수많은 직원들을 백만장자로 만들 것이라고는 예측하지 못했을 것이다. 하지만 그는 맥도널드의 여러 메뉴들을 단순화시켰고, 통일화된 매뉴얼을 구축해 프랜차이즈의 신화를 썼다.

레이 크록 역시 수많은 고난과 역경에 부딪혔다. 그의 주변 사람들, 심지어 아내까지도 자신의 사업 성공을 믿지 못할 정도로 사업이 여러 번 위기에 봉착한다. 안정된 종이컵 회사를 다니던 중 아이스크림 멀티 믹서기 세일즈를 해보겠다는 레이 크록에게 아내는 분노한다. 그래서 사무실에 나와서 일을 좀 도와달라는 남편의 말에 아내는 냉정히 거절하기도 한다.

그도 아마 가족들과 주변인들로부터 지금 하고 있는 일이나 잘 하라는 얘기를 수없이 들었으리라. 그러나 결국 신념으로 밀고 나갔다. 이 점이 정말 대단하다. 진정으로 원하는 게 있다면 이루지 못할 게 없다는 걸 그는 보여준다. 누가 뭐래도 휩쓸리지 않고 자기 의지를 실현해 나가는 사람. 사람들은 스스로 그런 성격이 되지 못한다는 걸 알면서도 그런 사람이 되고 싶어 한다.

2000년 창업 당시 자본금 5억 원으로 출발한 골프존 유원홀딩스 김영찬 회장. 그는 창업 후 2년 만에 첫 매출을 올렸던 2002년 20억 원에서 2013년 3652억 원의 매출을 달성한다. 창업 11년 만에 180배가 넘는 매출 성장을 기록했다.

김 회장은 2011년 골프존을 업계 최초로 코스닥에 상장시켰고, 시가 총액만 1조 원 이상, 당시 7000억 원이 넘는 주식평가 이익으로 거부 반열에 등극하기도 했다. 그 역시 남들이 은퇴를 고려할 만한 나이인 54세에 골프존을 창업해 벤처 신화를 썼다.

사실 반복되는 얘기인지는 모르겠다. 그러나 김영찬 골프존 회장보다 더 늦은 나이인 55세에 유상옥 회장은 코리아나화장품을 창업했다. 유 회장의 성공 스토리에서는 결국 꿈을 가지고 열심히 현재의 당면한 문제를 하나둘 해결해 가며 회사에 기여하고, 주변 사람과 좋은 관계를 형성한 사람이 장기적으로 성공하게 됨을 확신하게 만든다.

'화장하는 CEO'로 유명한 유 회장은 55세 늦은 나이에 창업해 명품 코리아나화장품의 성공을 성취한 창업 경영자다. 그는 1959년 D제약사 공채 1기로 입사해 성실과 근면성을 인정받는다. D사에서 그의 생활은 끊임없는 도전과 성취의 과정이다.

당시 D사는 국내 최고의 명문 제약회사지만 다른 여느 제약회사와 마찬가지로 재무구조가 취약하고 판매이익이 박한 데다 이자 물기에도 바빴다. 게다가 직원들은 제약업계의 형편이 그러려니 하며 무사 안일한 태도를 보였다.

이럴 때 유 회장은 단시간에 고속 승진을 했다. 젊은 패기와 의욕으로 사내 분위기를 전환시키는 그의 자세를 윗사람들이 인정한 것이다. 기획관리실장으로 재고부터 자재 및 원가 관리 등으로 변화와 혁신을 일으킨다.

유 회장은 끊임없이 일을 찾고 맡은 바 업무를 열심히 수행하면서 승진에 승진을 거듭했다. 그는 D사에서 다양한 부서를 경험하고 상무이사까지 승진했다. 이런 과정에서 단순히 업계의 관행에만 의존하지 않고 변화를 주도했다.

특히 D사의 대표 상품으로 유명한 B드링크 제품이 당시 30%의 상품세라는 고율의 세금에도 굴하지 않고 롱런하면서 승승장구할 수 있었던 건 당시의 관행이었던 도소매상을 통한 제품 공급보다는 D사가 루트 세일을 하면서 약국을 상대로 제품을 직접 공급하며 현금 수금을 하는 새로운 방식의 유통 방법을 채택했기 때문이다. 그의 도전과 혁신적인 마인드를 엿볼 수 있다.

유 회장은 1977년 D사의 계열사인 화장품 업체 L사의 대표이사

부사장을 맡았을 때 이 회사는 적자경영의 골이 매우 깊었다. 그는 적자 기업을 흑자로 전환시켜야 할 책임감을 부여받았다. 모기업에서는 화장품의 독자생존을 주문하고 있었다.

자금난 해결을 위한 은행 대출의 문턱은 높았다. 온갖 연줄과 인맥에 호소하는 길밖에 없었다. 명절과 연말이면 상여금도 생각해야 했다. 회사 형편은 막막했다. 유 회장은 단돈 1만 원짜리 봉투를 돌렸다. 뜻밖에 유 회장의 이런 행동에 감동한 직원들은 봉투를 반납하기도 했다.

유 회장 역시 자신감을 얻었다. 조직과 구성원들이 일심동체가 되면 적자와의 투쟁에서도 이길 수 있다고 봤다. 대리점을 방문해 격려하면서 덩달아 매출도 늘기 시작했다. 4년 차 때 역작인 L제품을 선보이며 흑자 전환도 달성했다.

유 회장은 보다 큰 일을 하고 싶어 퇴사했다. D제약 계열사 L화장품 사장을 거쳐 1988년 55세에 코리아나를 창업했다. 사실 유 회장이 뒤늦게 창업에 나선 것은 만성적자 기업이었던 L화장품을 각고의 노력으로 우량기업으로 키워놓았지만 노사분규를 처리하지 못했다는 이유로 한직으로 밀려난 것도 한 배경이 된다.

유 회장은 D사에서 B 제품의 성공을 거울삼아 자신의 사업을 할 때도 철저한 현금거래를 기반으로 회사를 튼튼하게 키웠다. 1988년 당시 자본금 1억 원에 직원 10명으로 출발한 코리아나는 5년 만에 화장품 업계 3위로 고속 성장했다. 초기 D사의 부도 경험을 뼈저리게 실감하고, 코리아나화장품에서는 부채 없는 경영을 위해 철저히 노력한 결과다.

　유 회장의 성공 비결은 당시 국내에서 생소한 '직접 판매 방식 (Direct Sale System)'이라는 판매 시스템을 도입한 덕분이었다. 이는 기존 방문 판매와 달리 대리점이 아닌 판매원을 중심으로 영업 전략을 펼치는 방식이다. 대리점 운영비를 절감하고 판매원 개인에게 더 많은 영업 이익을 돌려줄 수 있는 획기적인 유통 방법이었다.

　이 모든 것을 볼 때 철저한 자기계발과 주어진 환경에서 열심히 일 함으로써 미래의 자신에 대한 준비를 자연스럽게 일로 만든 유 회장 특유의 면모를 볼 수 있다. 특히 종업원의 사기와 처우에 대한 깊은 고민과 그의 인간적이 모습에 마음이 훈훈해진다. 유 회장이 자신의 성공을 간략히 정리한 글이 가슴에 와 닿는다.

　"나는 샐러리맨에서 출발해 전문경영인, 다시 창업자로 나의 기업을 일구어냈다. 위기 속에서 어떤 일이든 성공시킬 수 있는 자신감과 자신에 대한 흔들리지 않는 믿음을 얻었고, 사람의 중요함도 절실히 느꼈다. 지금 돌아보니 '위기 속에 기회가 온다'는 말, '기회는 스스로 만든다'는 말이 정말 맞는다는 생각을 한다."

　유 회장은 '경영이란 종합예술로써의 온갖 고난과 수난을 겪으면서 기업 구성원과 주주, 국가와 사회 등 이해 관계자들에 대한 책임을 다하는 것이 기업가 정신의 기본'이라고 말한다. 유 회장을 보면서 혁신적 아이디어는 '필요'에서 시작된다는 걸 느낄 수 있다. 그 필요라는 것은 '경험'에서 우러나온다. 경험은 결국 '나이'와 함께 축적된다.

　그런데 늦은 나이에 실패와 성공의 차이는 무얼까. 경험과 지식과 지혜와 정보를 축적하는 것은 성공을 위해 반드시 습관처럼 해야 하는 일들이다. 50대 창업이 늦은 나이가 아닌 시대가 됐다. 다만 때가 됐을 때 준비가 안 돼 있는 것을 탓해야 한다. 실패와 성공의 차이는 어렵지 않다.

　" 뒤집어 생각해 볼 수도 있다. 세상이 당신의 창의적 아이디어를 받아들일 준비가 돼 있지 않다면 어떻게 해야 할까. 그 아이디어의 가치를 진정으로 믿는다면, 세상이 준비가 될 때까지 끊임없이 추구하라고 말하고 싶다. 역시 혁신을 추구하기에도 늦은 나이란 없다. "

PART 3

승리가
아니라
지지 않는 게
기업가다

사회에 어떤 공헌을
할 것인가

"사람과 사람 사이, 대중을 즐겁게 하라"

리더십이란 무얼까? 크게는 국가, 작게는 가정을 경영하는데도 리더십이 작용한다. 굳이 표현하자면 지도력, 통솔력, 자질 쯤 될 것이다. 리더는 조직이 향하는 목표를 제시하고, 구성원들은 왜 이 목표를 달성해야 하는지를 수긍해야 한다. 그런 의미에서 리더는 혼자 존재할 수 없다. 아무도 따르는 사람이 없다면 리더가 될 수 없기 때문이다. 따라서 리더는 항상 '따르는 사람들'의 존재를 존중해야 한다.

기업 입장에서 이윤 추구는 당연히 중요한 목표 중 하나다. 그러나 요즘은 매출이 작은 기업의 CEO라도 끊임없는 열정과 배움을 통해 사회에 공헌하는 사람이 존경받는 세상이 됐다. 무엇인지를 추구하고 사회에 헌신하고 봉사하는 사람이 진정한 리더란 얘기다.

과거 부국강병을 이루는 사람이 영웅이었다면 지금은 기업가가 영웅이란 생각이 든다. 최고의 복지는 일자리란 말이 있듯 기업가야말로 최고의 복지를 제공하고 발전적인 '그 무엇'을 제공하기 때문이다. 더욱이 최근 기업들은 앞 다퉈 사회공헌 활동을 확대하고 있다. 기업에게 사회적 책임의 중요성이 더욱 강조되고 있는 것이다. 그래서 기업들마다 전통성을 지닌 독자적 캠페인 활동으로 나눔을 실천하는 분위기를 확산한다. 왜 그럴까? 흔히 기업가에겐 공유가치 창출(CSV)이 중요하다고 한다. 회사의 이익을 우선하고 남은 이익을 사회에 환원하는 게 아니라, 기업 활동 자체를 사회적 가치 창출에 두고 동시에 이익도 취한다는 의미에서 그렇다.

이를 실천하고 있는 대표적인 기업인이 있다. 대기업 오너도 아닌, 지역의 한 향토 소주 업체 CEO다. 맥키스 컴퍼니 조웅래 회장. 소주회사 CEO인 그는 지역에 있는 계족산에 황톳길, 음악회, 축제 등 대중이 재미있게 놀 수 있는 콘텐츠를 기획해 선보였다. 소주 팔아 번 돈으로 그렇게 한 게 아니다. 있는 돈으로 그렇게 하면서 소주를 팔았다.

조 회장은 '에코힐링(Ecohealing)'이란 개념을 처음 사용한 기업가다. 자연(ecology)과 치유(healing)를 합성해 만든 신조어다. 최근 트렌드가 자연을 통해 몸과 마음을 치유받는 '에코힐링'이란 말이 흔하게 쓰이나 상업적으로는 함부로 쓰면 안 된다. 조 회장이 2007년 6월 상표 등록까지 했다.

건강과 휴식을 파는 그는 역설적이게도 술을 만드는 회사의 최고 경영자다. 그는 공대를 나왔다. 대기업 엔지니어로 취업했지만 곧 그만뒀다. 존재감이 드러나지 않아서였다. 존재감 있게 일해 보려고 중소기업을 찾아갔지만 또 그만뒀다. 좋은 아이디어가 있는데 회사가 관심을 안 보여서다.

그는 전화기가 다이얼에서 버튼 식으로 바뀌고 유선망 보급이 급격히 확대되고 있는데 주목하고 있었다. 어느 날 다방에서 그의 눈에 운세 재떨이가 들어왔다. 불현듯 기막힌 생각이 떠올랐다. 전화 운세였다. 침대 밑에 기계를 놓고 음성으로 운세를 제공하는 '700-8484(팔자 팔자)' 서비스를 시작했다. 1인 기업이었다. 단소 소리를 배경으로 인기 있던 중국 드라마 '포청천'의 성우가 운세를 알려줬다. 처음 성공을 맛봤다. 그의 나이 33세 때다.

'소리를 들려준다'는 발상의 전환은 무선호출기, 이른바 '삐삐'가 보급되면서부터 삐삐와 휴대폰 등으로 이어졌다. 삐삐 사서함에 음악을 저장해 놓으면 목소리와 멜로디가 함께 나왔다. 이를 기반으로 휴대폰 벨소리와 컬러링도 선보였다. 크리스마스 카드 대신 '700-5425'를 통해 캐럴송을 선물할 수도 있었다. 음악으로 '사람과 사람 사이'를 이어주는 발상에 대중은 열광했다.

'5425'는 국내 모바일콘텐츠업계 부동의 1위였다. 브랜드 위상을 지키기 위해 연매출의 1.5배가 넘는 돈을 광고비로 쏟아 부었다. 한편으론 신사업 구상에 골몰했다. 유선망을 강력한 비즈니스 플랫폼으로 이용했지만 무선망은 개방되지 않고 있었기 때문이다. 더구나 스마트폰 시대가 점점 다가오고 있었다. 지속 가능한 사업을 찾고 있던 그의 눈에 한 향토 소주업체가 들어왔다.

IT 벤처신화 주인공이 변신을 하기 시작한 것이다. 당시 이 소주업체는 '은(銀) 충진 여과공법'과 국내 최초 알코올 21도의 S브랜드 제품을 출시해 점유율 상승에 매진하고 있었다. 조 회장은 이 회사를 인수하고 대표이사에 취임한 후 얼마 지나지 않아 S제품의 생산을 중단시켰다. 대신 지금의 O제품을 내놨다. '산소가 3배 많아 30분 먼저 깬다.'는 광고 카피와 함께 등장해 지금까지 장수하고 있는 제품이다.

사람이 살기 위해 마시는 산소(O_2)를 소주에 넣었다는 것이다. 대동강 물 팔아먹은 현대판 봉이 김선달 같은 시선도 받았다. 그런데 '산소 용존 기술'이란 특허를 국내외에서 받았다면 얘기가 달라진다. 이 기술은 국내 연구진에 의해 세계적 학술지에도 소개됐다. 산소를 소주에 넣겠다는 발상도 그에게서 나왔다.

"어느 날 술을 마시고 포항 심층수를 마셨더니 술이 빨리 깼어요. 알고 보니 산소가 30 피피엠(ppm) 들어가 있더라고요. 산이나 바닷가에서 술을 마시면 덜 취하고 빨리 깨는 이치와 같은 겁니다"

그는 서서히 자신의 '끼(氣)'를 회사 경영에 이식시켜 갔다. 대표적인 것이 계족산 황톳길 조성이다. 어느 날 고향에서 친구들이 그를 만나러 왔다. 그는 매력에 흠뻑 빠져 지내던 계족산으로 친구들을 데려갔다. 하이힐을 신고 있던 여자 친구에게는 자신의 운동화를 벗어줬다. 그리고는 맨발로 자갈이 섞인 산길을 다섯 시간이나 걸었다.

발이 성할 턱이 없었다. 집에 돌아왔더니 몸 전체가 후끈거리고 잠도 푹 잤다. '맨발이 이렇게 좋을 줄이야!' 감탄과 함께 기발한 생각이 뇌리를 스쳤다.

"발바닥에 모든 장기가 연결돼 있다고 하잖아요? 맨발로 걸으면 혈액순환이 잘 되고, 불면증, 우울증, 붓기, 생리 불규칙 등에 좋습니다. 하지만 사람들은 신발 벗기를 꺼려하죠. 발에 상처가 날 수 있고, 다른 사람의 시선이 신경 쓰이기 때문이죠."

그는 사람들의 신발을 벗기겠다고 결심했다. 곧 산길의 자갈부터 걷어냈다. 그리고 마사토를 깔았다. 거칠거칠한 게 촉감이 좋지 않았다. 색깔도 예쁘지 않았다. 고민 끝에 다시 황토를 깔았다. 붉은색이 사람의 몸에 가장 빨리 반응한다는 말이 틀리지 않았다. 말랑말랑하고 촉촉한 게 편안했다. 햇빛이 비추는 각도에 따라 느낌도 새로웠다. 낙엽이 떨어져 황토에 자국을 남기면 그대로 그림이 됐다. 그렇게 황토가 깔린 길이 14.5㎞나 된다.

이제는 사람들을 계족산으로 모이게 만드는 일만 남았다. 그는 사람들이 함께 걷고 뛰는 행사를 기획했다. 마사이마라톤이다. 하루에 3만보 이상을 맨발로 걷는 마사이족의 이미지를 차용했다. 결과는 대성공이었다. 자연과 치유를 합친 '에코힐링'이란 개념을 만들어 상표권까지 등록하는 순간이다. 소주 만드는 회사가 역설적이게도 '에코힐링 기업'이 된 것이다. IT 벤처신화 주인공의 변신만큼이나 짜릿한 반전이다.

사람들이 많이 와 걷고 나면 황톳길이 굳어지기 마련이다. 비만 오면 흙이 쓸려나갔다. 그래서 새벽이면 황톳길을 뒤집고, 물을 뿌리는 사람들이 있다. 그가 고용한 직원들이다. 그는 매일 새벽 계족산을 오르며 황톳길을 살펴본다. 언제부턴가 그에게 '황톳길 작업반장'이란 별명이 붙은 이유다. 그의 명함 한편 캐리커처 아래에 이런 직함이 쓰여 있다.

맨발로 걷다가 그냥 헤어지는 게 싫었다. 언제나처럼 생각 하나가 불현듯 떠올랐다. '산속에 성악가와 피아노를 울려보자!'

바로 실행에 옮겼다. '아름다운 소프라노' J씨를 단장으로 한 M 오페라단이 창설됐다. 숲 속에 상설공연장이 만들어졌다. 이곳에선 매년 4월 둘째 주부터 10월 말까지 매주 토 · 일요일 오후 3시면 어김없이 '뻔뻔(Fun Fun)한 클래식'을 만날 수 있다. 정장 입고 음악회 가는 2%의 국민이 아닌, 티셔츠 차림의 98%를 위한 공연이다. 3대가 함께 깔깔거리며 즐기는 음악회다. 클래식과 뮤지컬, 연극, 개그가 어우러진다.

산속 음악회와 축제 등 문화콘텐츠가 가미되면서 계족산 황톳길은 지역 최고 명물이 됐다. '한국인이 꼭 가봐야 할 한국관광 100선 3위'(한국관광공사), '5월에 꼭 가봐야 할 명소'(한국관광공사), '여행 전문기자들이 뽑은 다시 찾고 싶은 여행지 33', '지방자치단체 e-Marketing Fair 여행 부분 대상'(G마켓) 등은 계족산의 위상을 증명하기에 충분하다.

계족산 황톳길은 세계 언론에도 잇따라 대서특필됐다. 세계 4대 뉴스통신사 중 하나인 AFP가 2008년 5월 맨발축제를 전 세계에 타전했고, 일본 NHK 등이 현장 스케치한 축제 영상을 주요 뉴스 시간에 내보냈다. 한국관광공사는 15개국 27개 해외지사를 통해 대한민국 대표축제로 계족산 맨발축제를 소개했다. 무미건조한 이 도시가 국내외에 이만큼 흥미진진한 도시로 각인된 적도 없다.

2009년엔 아프리카 세이셸공화국 대통령이 황톳길을 맨발로 걸었고, 시장을 답방할 때 알다브라 육지거북인 일명 '세이셸 코끼리 거북' 한 쌍을 선물했다. 이 세계적 희귀 동물 한 쌍에는 '무병'(암컷 88세)과 '장수'(수컷 100세)라는 이름이 붙여졌다. 현재 이 도시에 있는 동물원에서 일반에 공개되고 있다.

이런 족적 때문인지 조웅래 회장 하면 역발상이 떠오른다. 새로운 생각은 창조로 이어진다. 역발상을 통해 창조적 아이디어를 생산해 내고 있는 것이 오늘날 그의 삶이다.

계족산 황톳길이 지역 명물이 되면서 그도 바빠졌다. 그는 전경련 초청으로 대기업 회장들 앞에서도 강연을 한다.

"요즘 반기업 정서를 돈으로만 해결하려는 기업이 많다. 계산기가 아닌 가슴으로 사업할 수 있다는 걸 보여주는 사례다." E산업 P회장이 남긴 강평이다.

경쟁은 갈수록 치열해지는데 CEO란 사람이 황토 깔고 관리하는 데 몰두하니 처음엔 다들 미쳤다고 했다. 그 자신도 힘들고 불안했다. 그때마다 '단숨에 되는 일이 어디 있겠느냐'고 스스로 위로했다. 그러면서 1년, 2년, 그는 사람들이 계족산과 맨발에 열광할 때까지 멈추지 않았다. 지금 그는 자신이 벌인 일에 열광하는 대중을 보며 짜릿함을 느낀다고 했다.

유명 여배우를 모델로 쓰지 않아도, 판촉행사를 하지 않아도, 산소 넣은 소주라는 이 회사의 제품은 더 잘 팔린다. '머리가 아닌 가슴으로' 하는 사업을 한 결과를 잘 보여주는 예다.

그는 평소 창업을 꿈꾸는 젊은이들에게 멀리 보고 창조해내는 'Creative & Good company'를 첫 번째로 꼽는다. 두 번째는 남을 따라 무엇을 하기보다는 먼저 하는 것, 착한 기업이 돼야 한다고 강조한다. 소비자가 좋아하는 회사, 내부 직원이 자부심을 느끼는 회사가 돼야 한다. 그것을 하기 위해서는 신뢰 구축 경영이 필요하다고 말한다. '사람과 사람 사이'를 통해 대중을 즐겁게 한 것이 그만의 경영 철학이다.

'불광불급(不狂不及)'. 미치지 않으면 미치지 못한다는 게 그의 좌우명이다. 제대로 미치려면 확신을 가져야 하고, 흥미가 있어야 한다. 그를 보면 뭔가 미쳐 있어야 할 게 많아질 거라는 생각이 든다.

정량화된 비전은
기본 중 기본

"명확한 비전과 목표를 글로 적고, 자기암시와 상상을 해보
라"

서울대병원, 서울아산병원, 삼성의료원, 경희대병원…. 국내 톱
10에 드는 소위 메이저 병원들이다. 이런 병원들이 벤치마킹을 위해
찾는 지방의 한 종합병원이 있다. 세종시에서 10분 거리에 유성선병
원과 대전 목동에 본원을 둔 영훈의료재단 선병원이다. 기업 경영을
말하다 왜 갑자기 병원이 등장한 걸까. 사실 이 부분에 대한 고민도
있었다. 하지만 가히 '서비스 혁명'이라고까지 할 직원들의 마인드 개
조를 통해 종합병원에 대한 인식을 바꾼 곳이 있어서다.

수년 전 서울대병원, 삼성의료원은 서너 차례 이 병원을 방문했
다. 국내는 물론 해외에서도 발길이 이어진다. 일본, 중국, 러시아, 베

트남, 태국, 인도, 몽골 등 해외 20여 개국의 병원과 기관이 선병원의 경영을 배우러 다녀갔다. 한때 병원 업무에 지장을 받자 방문 가능한 날을 월 1회, 마지막 주 금요일로 제한했을 정도다. 방문자 수도 10명 이내라는 기준까지 정하기도 했다.

지방에서는 환자를 서울에 빼앗겨 캠페인까지 벌이고 있는 게 현실. 그럼에도, 정작 서울의 병원이 배움을 자청해 찾아오는 병원이라니 놀라지 않을 수 없다. 2015년에는 국내서도 보기 드물게 지방에 있는 민간병원이 유럽의 벨라루스에 병원 플랜트를 수출해 주목받기도 했다. 대학병원이 아닌 민간병원이 국내는 물론 해외 병원의 모델이 된 배경은 무얼까.

선병원을 이끌고 있는 선두훈 이사장, 선승훈 의료원장, 선경훈 치과병원장 삼형제는 전공 분야가 다 다르다. 저마다 의대 교수, 전문 경영인, 미국 치과의사로 잘 나가던 시절이 있었다. 부친 선호영 박사는 1966년 대전에 선병원을 세워 직접 운영하다 2004년 작고했다. 형제들은 부친이 세운 병원을 키우겠다고 의기투합했다. 형제들이 나선 뒤 병원은 매년 두 자릿수 성장을 거듭하며 의료계 안팎의 주목을 받고 있다.

삼형제 중 가장 먼저 귀국한 사람은 미국 조지타운대학교 경영학 석사(MBA) 출신에 병원경영 박사를 받은 선승훈 의료원장이다. 해외 C은행 임원 시절이던 1990년대 초반 부친의 부름을 받고 삶의 방향을 틀었다. 막내인 선경훈 치과병원장은 미국에서 치과전문의를 딴 뒤 귀국해 1997년 선치과를 열었고, 개인 치과병원으로는 국내 최대 규모로 키웠다. 맏형인 선두훈 이사장은 서울성모병원 정형외과 교수 출신으로 국내 굴지의 대기업인 H사 회장의 맏사위다. 선 이사장은 동생들의 요청에 2001년 합류했다.

사실 먼저 합류한 선승훈 원장은 부친에 의해 끌려오다시피 했다. 형제들이 많은데 다들 가업에는 관심이 없다는 선친의 불만도 작용했다. 다니던 외국계 은행의 근무여건은 만족스러웠고, 그곳에서 성공하고 싶었다. 막상 병원에 와서는 방황을 많이 했다. 병원이란 곳이 생소했기 때문이다. 의사가 아니어서 미국의 대학에 교환교수로 나가 있던 형 선두훈 원장에게 도움을 요청했다. 대학교수가 편할 텐데, '인생을 왜 살아가야 하느냐'는 동생의 질문에 형도 무너졌다. 이보다 앞서 미국 치과대학에서 임플란트를 전공한 막내 선경훈 원장도 불렀다. 치의대가 없는 대전에 치과수련의 병원인 선치과병원을 세웠다.

고관절 전문의인 선두훈 이사장은 여전히 수술을 많이 한다. '의사의 갈 길은 의료'라며 환자를 멀리해서는 안 된다는 철학을 갖고 있다. 선경훈 원장은 임플란트 시술을 한다. 선승훈 원장은 의사가 아니어서 의료가 아닌 모든 부분을 책임진다. 경영책임자 역할을 하고 있는 것. 이들 삼형제의 분업과 협업이 환상의 조화를 이루고 있는 것이다

삼형제가 뭉쳐 곧바로 시작한 것이 '비전' 제시다. 선병원 하면 떠오르는 단어가 '친절'이듯이 지방병원으론 보기 드문 '서비스 경영'의

시초다. 역시 경영의 눈으로 바라 본 선승훈 원장의 아이디어가 큰 몫을 했다.

선승훈 원장의 생각은 이렇다. 못 고치는 병보다 고치는 병이 훨씬 많아질 정도로 대한민국의 의료 수준이 높은 편이라는 것. 서울과 지방의 의료 수준도 평준화됐다고 봤다. 웬만한 수술은 지방에서도 다 한다. 결국 아파서 병원을 찾은 환자들이 되돌아가는 환경이 싫었다. 환자들에게 좋은 경험을 쌓을 수 있도록 하자는 취지에서 서비스 경영을 강조하기 시작했다.

이들은 바닥에 먼지 하나 없는 것도 중요하게 생각한다. 정성이 없는 게 싫었다. 여기다 냄새, 소음, 비주얼, 먹는 환자식 등을 중요하게 여기고 리뉴얼 작업을 했다. 정성을 쏟기 시작하면서 이게 어우러져 서비스 경영으로 자리 잡았다.

선승훈 원장은 직원들에게 "혼을 쏟아 부으라"는 말을 자주 한다. 영혼 없이 대충하면 될 일도 안 된다는 게 그의 지론. 유성선병원을 지을 때는 대리석 하나 고르기 위해 중국에 다섯 번이나 다녀왔을 정도다. 대리석을 들여다보면 핏줄 같은 선이 보인다. 선승훈 원장은 이를 '혈관'이라고 표현한다. 이런 무늬가 자연스러워야 한다고 고집할 정도로 세심히 챙겼다. 여기다 깨지거나 못생긴 돌을 걸러 내기 위해 검수 직원까지 파견했을 정도다. 샹들리에는 미국의 백화점에서 본 것을 사진을 찍어 와 재현했다.

선승훈 원장은 그래야 직성이 풀린다. 무엇을 하든 열정을 쏟아 붓는다. 그에게 인생은 처음 가는 길이며, 한 번 가는 길이며, 마지막

가는 여정과 다름없다. 한발 한발 신중하게 최선을 다해 가야 하기에 비전과 목표 설정은 아무리 강조해도 지나치지 않는다는 것이 그의 철학이다.

이들 삼형제의 자랑이 하나 또 있다. 지방 민간병원으로서 드물게 병실을 보유한 국제검진센터를 비롯해 암센터, 종합검진센터 등을 갖춘 유성선병원이다. 시찰이나 검진 차 온 외국 대기업 CEO들이나 관료들이 이곳을 방문할 때면 최고급 호텔 같은 병원 내부 시설에 한 번 놀라고, 무릎을 꿇고 상담하는 직원들의 친절에 또 한 번 놀란다. 친환경 힐링 병원을 지향하는 선승훈 원장의 비전과 목표가 잘 드러나는 부분이다.

유성선병원은 부지가 토끼 꼬리 모양이다. A자형 건물을 지을 수밖에 없었던 이유다. 국내서는 원하는 디자인이 나오지 않아 미국 건축가에게 설계를 맡겨 지은 병원이다. 병원 내 산책로는 뒤편에 있는 지역의 한 공원과 연결돼 있다. 선승훈 원장은 여기에 편백나무 군락을 조성할 예정이다. 전남 장성의 충렬사에 항암효과로 유명한 '치유의 숲'이 있다. 그렇게 편백숲을 만들어 2박 3일 일정으로 힐링캠프도 열 구상을 하고 있다.

선승훈 원장이 병원의 핵심가치로 내건 것이 '배려 · 열정 · 절제'다. 여기에는 선승훈 원장의 잊을 수 없는 경험이 작용했다. 선승훈 원장은 2000년부터 스웨덴 명예영사로 활동하며 종종 왕래한다. 그러던 어느 날 스웨덴 왕비와 대화를 나눈 적이 있다. 국왕의 만찬에 초대돼 왕비를 만났을 때의 감동을 선 원장은 지금도 잊을 수 없다.

만찬 동안 왕비는 선 원장과 매우 가까운 거리에서 자신의 말에 귀를 기울여 주더라는 것. 그 왕비는 한국에서 명예영사가 온다는 소식을 듣고 미리 한국에 대해 많은 걸 알아놓은 듯 했다는 것. 대화를 하는 동안 자신에게서 한시도 눈을 떼지 않고 경청해주는 모습이 너무 진지해 왕비의 눈 속으로 빨려 들어갈 것만 같았던 경험을 한 것이다.

선 원장은 지금도 "당시 그 눈빛과 배려는 그동안 느껴보지 못한 충격 그 자체였다"고 말한다. 왕비에 대한 국민의 신망이 두터운 이유도 알 것 같았다. 상대방의 신분을 가리지 않는 왕비의 배려. 선승훈 원장은 사람 경영의 중요성을 깨달았다.

두 번째 핵심가치는 아버지에게 물려받은 열정이란 DNA다. 부친이 명의를 데려오기 위해 미국 현지의 구석구석을 찾아다닐 때였다. 선 원장이 아버지에게 해가 어둑어둑해 일정을 다음날로 미루자고 말씀드리면 한 사람이라도 더 만나자고 끝까지 강행군을 고집했을 정도로 열정이 대단했다.

셋째는 병원 경영에 꼭 필요한 절제다. 생명을 다루는 병원에 근무할 때 자기통제는 무엇보다 우선한다. 간혹 언론에 오르내리는 의료사고 등은 자기통제를 하지 못해서다. 그래서 늘 적당한 긴장감을 유지하려고 한다.

2016년 개원 50주년을 맞는 선병원은 서울에서도 찾아오는 지방 의료허브의 성공신화를 쓰고 있다. 현재는 본원 격인 대전선병원을 비롯해 선치과병원, 유성선병원, 국제검진센터 등 4개 병원으로 성장했다. 치과병원은 전국 어디에 내놔도 손색이 없을 정도다.

그 중심에는 삼형제, 그중에서도 병원 경영을 책임지고 있는 선승훈 원장의 비전과 목표가 뚜렷했기에 가능했다고 해도 과언이 아니다. 사람은 무언가를 막연히 기다리면서 인생을 보낸다. 부모, 직장, 국가에 자신을 맡긴다. 명확한 비전과 목표 없이 그냥 주어진 삶을 살아간다. 미국의 자기계발 전문가인 브라이언 트레이시는 "전 인구의 95%는 어떤 목표도 없이 살아가고 있으며, 우연에 자신의 인생을 맡기고 살아가고 있다"라고 말한다.

위대한 일들을 이룬 많은 성공한 사람들의 공통점은 '한결같은 꿈이 있다'는 것이다. 이들은 이루고자 하는 것들에 대한 명확한 비전과 목표가 있다. 보통 사람들이 캄캄한 가운데 있다고 좌절할 때 좌절을 넘어서 기다리고 있는 행운의 빛을 바라본다. 남의 잣대가 아닌 '나'가 주체가 돼 살아간다. 남의 잣대에 휘둘리다 보면 자신감을 상실하고 지치고 좌절하기 쉽다. 모든 성공의 첫걸음은 꿈을 갖고 나에 대해 몰입하는 것이다. 그래서 비전과 목표 설정은 매우 중요하다.

성공이란 결국 목표로 귀결된다. 누구나 자기가 잘할 수 있는 일이 있다. 누구나 자기가 좋아하는 일이 있다. 이 두 가지에 해당하는 일을 목표로 설정하고 몰입하고 열정적으로 하면 반드시 크게 성공할 수 있다.

" 선승훈 원장의 비전은 사람들의 마음을 얻는 것이다. 'One of them(그들 중 하나)'이 되지 말아야 한다. 자신만의 뭔가를 찾아야 한다. '궁즉통(窮則通)'이다. 궁해야 통한다는 것인데, 이 '궁'이라는 것은 빈곤과 갈망으로 대체된다. 뭔가 궁하다 보면 다시 뭔가 강하게 갈망하는 것도 생긴다. 궁하면 살아날 길이 생긴다. 결국 자신이 뭐가 부족한지를 스스로 체크해야 한다. 그것을 채워가야 한다. 자신을 먼저 볼 줄 알아야 한다."

세계적인 기업과
경쟁하라

....

....

....

"모두가 원하지만 누구도 하려고 하지 않는 일에 도전하라"

글로벌 시장에서 세계적인 기업과 경쟁하려면 자기 분야에서 어떤 변화가 일어나고 있는지 알아야 한다. 그런데 최근 기업가 정신을 상실했다는 얘기도 나온다. 그런 노력은 기대에 못 미친다. 아직도 중소·골목상권과 경쟁하려고 한다. 국가 차원에서도 큰일이다 싶다. 고약한 건 살아보겠다는 위기의식이 발동돼야 한다. 그런데 일부 노조를 보면 귀족이라는 비판을 면치 못하는 경우도 종종 있다.

라이온켐텍 박희원 회장은 25살 젊은 나이에 창업한 CEO다. 그는 창업 초창기 아담한 벽돌 건물의 공장 한편에 '우리 모두 힘을 모아 초우량기업 만들자'는 당찬 현수막을 내걸기도 했다. 중소기업을 운영하던 그는 1982년 세계 네 번째로 폴리에틸렌 왁스 제품을, 이듬해인 1983년 세계 두 번째로 폴리프로필렌 왁스 제품 개발에 성공한다. 전량 수입에 의존하던 왁스를 대체한 것이다.

이런 성공을 바탕으로 2000년대 들어 주방 상판과 건축 내외장재에서 사용되는 인조대리석 제조시장에 뛰어든다. 박 회장은 자사 주력상품이던 왁스에 추가해 임직원들의 반대를 무릅쓰고 2001년 인조대리석 제조시장 진출을 선언한 것. 당시 자문을 구했던 인조대리석 분야 석학들조차 중소기업이 이 사업에 뛰어들면 안 된다고 충고할 정도였다. 대기업이 진출해 있고, 세계시장이 이미 선점돼 있으며, 특허로도 묶여 있기 때문이라는 게 당시 반대 이유였다. 사실 박 회장이 이 시장에 뛰어들 때는 국내에서 L사와 S사가 각각 1, 2위를 다투고 있었다. 역시 세계 최고의 글로벌 화학기업이라는 D사가 세계 1위의 시장을 점유하고 있었다.

박 회장이 인조대리석 시장에 진출을 선언한 이후 처음 5년간 겪은 어려움은 이루 말할 수 없을 정도였다. 창업 초창기의 왁스사업에서 성공한 경험이 과연 제2의 창업으로써 이 사업에서도 성공으로 이어질 것인가. 그는 이 5년 동안을 외로운 번민에 휩싸였던 시기라고 술회한다. 흔히 계란으로 바위 치는 다윗과 골리앗의 싸움으로 보는 이들이 대부분이었다. 기업의 운명을 건 대기업과의 경쟁을 한 것이다.

박 회장은 당시 노후 자금이라도 건지기 위해 회사를 매각할 생각도 했었다. 하지만 그는 타고난 승부사였고 들끓는 열정을 가진 기업가였다. 그리고 끝까지 버텼다. 결국 대기업이 못해내는 소량 다품종 생산시스템을 만들어 냈다.

박 회장은 나중에 기자와 만났을 때 "똑똑하기만 한 사람은 한 번 넘어지면 다시 일어서기 힘들지만 열정이 있는 사람은 열 번 넘어져도 열한 번 일어설 수 있다"라고 했다. 맨주먹과 도전정신으로 점철되는 박 회장. 이는 그의 인생철학이기도 하다. 그가 꼽는 경영의 첫 번째 핵심가치는 '들끓는 열정'이다.

그는 해냈다. '트라이스톤'이라는 자체 브랜드의 인조대리석 개발에 성공했다. 2007년부터 흑자가 나기 시작했다. 한때 2200%까지 치솟던 회사 부채비율도 안정을 찾아갔다.

박 회장은 대기업과의 관계에서 1, 2, 3차 벤더 또는 하청업체로서 원재료 공급업자가 되기를 원치 않았다. 제조 단계부터 대기업과 독자적으로 경쟁하고 싶었다. 자신의 상표로 제품을 직접 납품하는 관계가 되고자 했다. 한 번 정한 목표를 밀고 나가는 그의 뚝심을 엿볼 수 있는 대목이다.

1년 전 박 회장을 만났을 때 역시 인조대리석 시장에 진출할 당시의 단호한 표정을 읽을 수 있었다. 그는 그동안 사업을 하면서 어려움도 많았지만 하나의 목표를 세우고 그 목표를 달성하기 위해 늘 연구하면서 기반을 다져왔다. 결국 오랜 경험과 시간을 통해 기업이 경쟁력을 갖추게 됨을 실감케 한다. 지금은 국내와 해외 선진국에서도 이 회사 제품을 믿어주는 기업들이 늘고 있다.

도전과 열정으로 뭉친 젊은 청년 창업가는 지금 70대에 가까운 적잖은 나이임에도 도전과 열정을 즐긴다. '무소의 뿔처럼 혼자서 가라.' 그가 입버릇처럼 강조하는 말이다. 박 회장은 끊임없이 도전하는 승부사다.

박 회장은 회장이자 회사 대표지만 직원처럼 일한다. 사내에서 아이디어를 낼 때마다 직원들과 똑같이 의견을 낸다. 직원들의 열정을 끌어내고 독려하는 것이 CEO의 몫이라고 믿기 때문이다. 헤아릴 수 없이 많은 기술개발과 특허가 쏟아지는 비결이다.

박 회장은 창업 초창기 당시 대형 제지회사로 성장한 C제지의 공정을 연구하고 싶었다. 그래서 이 회사의 경영진들을 끊임없이 만나 설득했다. 그 결과 C사의 80개 라인 중 한 개의 라인에 대해서만 공정 연구를 허락받았다. 이 일은 박 회장이 결과적으로 C사의 공정을 혁신적으로 바꿔주는 계기가 됐다. 곧 C사의 모든 공정은 박 회장의 제안에 따라 모두 변경된다. 이 같은 그의 도전과 끈기의 원천 역시 열정이 있기 때문에 가능했다. 그런데 단지 뜨거운 열정만 있어서는 안 된다. 지속적인 열정이 있어야 한다.

박 회장의 성공 비결에는 몇 가지 고수한 그만의 원칙이 있다. 남들이 모두 안 된다고 할 때 그는 앞선 정보수집을 했다. 연매출액의 5% 이상을 연구개발에 계속 투자했다. 전문가들과 빈번한 교류에서 오는 혁신 기술의 습득, 제품 아이디어의 교환을 중요하게 생각했다. 그 아이디어의 사업성을 시장성에 근거해 평가하는 일도 게을리 하지 않았다.

실패를 자산으로 삼아 위기를 극복한 일화도 있다. 1989년 민주화의 열풍이 산업 현장에도 불어 닥쳤다. 노동조합 결성과 격렬한 임금투쟁이 이어지던 시기였다. 라이온켐텍도 예외는 아니었다. 기업의 생존에 대한 문제를 주지시키고 싶었던 박 회장의 생각과 달리 전 직원과의 갈등이 일파만파 확산됐다. 직원들은 전원 사표를 제출했다. 박 회장은 깊은 고민 끝에 관리직 5명과 연구소 연구원 2명을 제외한 모든 직원들의 사표를 수리했다. 다시 재기할 수 있다는 의지를 몸으로 보여주며 분투했다. 사실 이후 6개월간의 손실은 직원들의 임금인 상분보다 컸다고 한다.

박 회장은 그 일 이후 어떤 경우라도 극약처방은 내리지 말자고 다짐한다. 위기극복에 대한 또 하나의 교훈을 얻은 셈이다. 노조와의 갈등 이후 박 회장은 생산라인 근무를 3교대로 바꿨다. 임금 측면에선 손실로도 볼 수 있으나 직원의 일에 대한 긍정적인 태도와 개인의 삶의 질적 향상을 도모했다. 결과적으로 장기적 측면에서 생산성 향상과 함께 조직과 개인의 목표가 일치하는 공동체적 유대감을 형성하는 밑거름이 됐다.

많은 기업인들을 만났다고 호언할 수는 없다. 다만 경영자에겐 늘 넘지 말아야 할 선이 있어 보인다. 부하 직원과 공유하는 동료의식부터 사장이라는 지도력 등 그 밑바탕에는 많은 갈등과 함정이 도사린다. 특히 초창기 기업들이 이 부분 때문에 도약기에 퀀텀점프를 하지 못하는 경우가 많다.

직원과의 동료의식이 발휘되거나 지도력 부분에 금이 가는 일이 생기면 기업 자체가 어려워진다. 반대로 지도력만 앞세우며 동료의식이 희박해지면 심하게는 독재자라는 인상을 주게 된다. 이것은 기업을 경영하는 경영자만이 갖는 고통일 수 있다. 경영자를 외줄 타기 선수에 비유하는 이유도 여기에 있다. 이렇게 하지 않으면 내부적인 많은 문제들이 하나둘씩 경영자 앞에 나타난다. 이를 제거하는 것 역시 경영자의 몫이기도 하다.

미래는 어느 누구도 쉽게 예상하고 결론낼 수 없다. 미래로 향하는 여정에는 수많은 도전과 끈기, 그리고 가능성이 존재한다. 작은 일부터 차근차근 시작해 나아가는 것이 성공을 향한 첫 발걸음임은 아무리 강조해도 지나치지 않다. 박 회장은 모두가 원하지만 누구도 하려고 하지 않는 일에 도전했고 성공했다.

없다면
만들고 창작하라

"적성과 직업에서 세상을 행복하게 변화시킬 가치를 찾아라"

단군 이래 실업률이 가장 높다는 우스갯소리가 실감나는 요즘이다. 청년실업이 심각한 사회문제로 대두한 상황이다. 그런데 세상에는 비즈니스 아이템으로 무장한 창업가나 기업가만 있는 게 아니다. 없던 직업을 만들어내는 창직자도 있다. 창직은 어쩌면 청년실업을 해결할 수 있는 새로운 방안이 될 수도 있다.

정부나 글로벌 기업들은 자동화를 외친다. 한편으론 일자리를 창출하라고 부르짖는다. 역설적인 모순의 세상이다. 로봇 자동화 등으로 더 이상 일자리가 늘지 않는다면 새로운 일자리를 만들 수 있는 창직에 관심을 가져야 하는 이유가 여기에 있다.

한국고용정보원은 창직이란 '기존 노동시장의 일자리에 진입하지 않고 개인이 문화, 예술, IT, 농업, 제조업 등 다양한 분야에서 창조적인 아이디어와 활동을 통해 자신의 지식, 기술, 능력, 홍미, 적성 등에 용이한 신 직업을 발굴하고 이를 통해 일자리를 창출해 노동시장에 진입하는 것'이라고 정의한다.

창직에 대한 시사사전에서의 정의도 비슷하다. '창조적인 아이디어를 통해 자기 주도적으로 기존에는 없는 직업이나 직종을 새롭게 만들어 내거나 기존의 직업을 재설계하는 창업 활동'이라고 말한다.

창업과 창직 사이에는 차이가 느껴진다. 창직은 아이디어를 가지고 자신의 능력이나 적성 등을 활용하기 때문에 창업과는 다르다. 창의성이나 도전성, 자기주도성 등 기업가정신에서 내세우는 자세는 어느 정도 일치한다. 하지만 기업가정신만으로 창직에 필요한 것들을 설명하기에는 다소 미흡한 부분도 있어 보인다.

우리나라에만 존재하는 '아줌마'라는 신분에서 창직을 통해 기업 CEO가 된 여성 기업인이 있다. 각종 국제회의, 전시회 등의 분야에서 기획통으로 불리는 김복경 (주)제니컴 대표. 그는 16년 전 남들이 가지 않는, 국내서는 생소한 국제회의 기획 분야에 도전했다. 지금은 전국에서 국제회의 기획 업무를 가장 많이 수행하는 기업인이다.

그는 정확히 PCO다. 국제회의 전문용역업체로서 각종 국제회의, 전시회 등의 개최 관련 업무를 행사 주최 측으로부터 위임받아 부분이나 전체적으로 대행해 준다. 회의 개최에 따른 인력과 예산의 효율적 관리, 시간과 자금의 절약, 세련된 회의 진행을 가능케 해주는 업무를 한다. 무형의 서비스업에서도 종합선물세트 같은 업무인 셈이다. 2000년대 초반까지만 해도 이 분야에 전문성을 갖춘 업체는 많지 않았다.

사업을 하게 된 동기가 특이하다. 2년여 전 만났을 때 김 대표는 "무작정 했는데 여기까지 왔다"고 말한다. 대학 졸업과 함께 우연히 TV에서 본 대전엑스포 홍보도우미가 멋져 보여 도우미에 지원하게 됐다. 그 뒤 국제회의 기획업무를 담당하는 제니컴을 창업하게 됐다.

그가 정확히 국제회의 기획 업무를 접한 건 1992년. 당시 국제회의 기획 업무를 하는 한 중소기업에서 1년 6개월 정도 직장생활을 하며 업무를 터득했다. 그러다 결혼과 함께 퇴직했다. 하지만 두 아이를 임신하고 출산하는 사이에도 혼자서 프리랜서로 일했다.

통상 국제회의 행사 하나를 준비하는 데 걸리는 시간은 짧게는 1~2년에서 길게는 2~3년 정도 소요된다. 남편은 이런 업계의 특성을 접하고 시간적 손실을 줄여보기 위해서라도 '팀'을 구성해서 해보면 어떻겠느냐고 제안했다. 사실상 김 대표가 회사를 세운 직접적인 계기다.

김 대표는 남편의 제안에 귀가 솔깃했다. 2000년 지금의 회사를 세웠다. 직원이라고 해봐야 새로 뽑은 1명과 본인 2명뿐이었다. 사무실 구할 돈이 부족해 여성 관련 경제단체를 기웃거렸다. 단체 내 서너 평 남짓한 작은 공간을 구해 국제회의 기획 업무를 시작했다.

그는 묘하게도 회사를 세울 때 큰 목표나 목적 같은 게 뚜렷하게 없었다. 그저 뚝심과 배포로 밀고 나갔다. 그러면서 꾸준함을 유지했다. 적성에도 맞았다. 많은 PCO들이 학술회의 기획업무를 하다가 돈이 안 되면 일반 이벤트성 행사 기획 쪽으로 옮겨 갔다. 그는 그러나 꾸준히 전기, 전자, 화학 등 이공계 분야 학술회의를 계속해 오면서 경쟁력을 갖춰갔다.

그는 특히 학술회의 기획 분야에서 강점을 보인다. 그 비결 중에는 독자적인 시스템도 한몫했다. 제니컴은 IT솔루션 Cy-MICE 시스템과 ERS 시스템을 갖췄다. 학술회의 등록과 숙박은 물론 논문 접수와 심사를 온라인상에서 하나의 아이디와 패스워드로 운영하는 시스템이다. 이 시스템은 지금 국내 많은 학술회의에서 편의성 등을 인정받아 의학, 인문학 분야를 비롯해 정부나 지자체 등의 회의에 넓게 쓰인다.

제니컴에는 별도의 영업부서가 없다. 현장에 나가 일하는 모든 직원들 하나하나가 영업맨이다. 꼼꼼한 준비를 거쳐 최고의 현장을 운영하는 것이 고객 감동의 지름길이라고 믿기 때문이다. 이런 선순환 구조가 갖춰지면서 한 번 제니컴을 이용한 고객들이 두세 번 다시 찾는다.

김 대표에겐 타고난 강점이 하나 있다. 2014년 6월 중순쯤 만났을 때 김 대표는 만나서 헤어질 때까지 시종일관 웃음을 잃지 않았다. 긍정의 마인드보다 더 무서운 웃음의 기질이 그에게 배어 있었다. 그는 마이스(MICE) 관련 사업과 인연을 맺은 후 희망을 잃지 않으려고 노력했다. 지금도 그 마음가짐에는 변함이 없다. 그래서인지 유독 웃음이 많다. 시종일관 얼굴에 미소가 떠나지 않는다. 김 대표는 천천히 그리고 부드럽게 자신의 사업을 '희망'과 '자신감'에 의지해 키워 왔다고 말한다. 그래서 그는 '성공'이라는 단어보다는 '도전'을 중요시하고, '돈'라는 경제 개념보다는 '공유'라는 사회적 가치에 더 관심을 쏟는다. 김 대표에겐 여성기업인 특유의 감수성과 섬세함이 드러난다. 이런 장점은 그대로 경영에 반영된다. 여성 CEO로서의 차분함과 함께 자신보다 남을, 개인보다 모두를 강조하는 그의 경영철학, 여기다 사람을 가장 우선시하는 담백한 삶이 전국에서 국제회의 기획을 가장 많이 수행하는 기업으로 성장시킨 동력이다.

대부분의 창직자들에겐 최소 2~5년 이상 긴 시간 동안 본인이 직접 발굴한 새로운 직업에 대해 자부심과 지치지 않은 열정이 늘 수반된다. 뒤집어 말하면 본인이 하는 일에 대한 남다른 열정, 자부심, 그리고 직업에 대한 월등한 가치가 부여되지 않는 한 창직을 하기에 쉽지 않다는 것이다.

김 대표는 본인이 좋아하는 분야를 택했다. 그리고 창의적인 아이템으로 새로운 직업 발굴에 나선다는 자세로 임했다. 직업적 가치관에 의한 동기부여로 인해 자연스럽게 자기 주도적으로 몰입했다. 이런 차원에서 창직은 창업에 비해 직업에 대한 가치와 본인의 적성이 매우 중요하다.

김 대표가 성공한 요인 중에는 메모하는 습관과 사고의 유연성도 작용했다. 국제회의 기획 업무는 기억해야 할 일들이 많다. 메모하는 습관이 중요한 이유다.

특히 이 분야는 사람을 상대로 하는 업무다. 꼼꼼한 준비를 거쳐 고객 감동을 실현시켜야만 한다. 그렇지 않으면 그다음 일을 추진할 수 없다. 안 되는 일을 억지로 밀고 나가지 않고, 포기도 쉽게 한다. 다만 다양한 시도를 통해 꾸준히 변화를 준다.

제니컴은 현재 국내에서 이 분야에 꽤 이름이 알려져 있다. 회사는 지방에 있지만 수도권지역에서 더 많이 일을 한다. 전국적으로도 일이 많다. 사실 창직은 경제적 이익보다는 새로운 직업에 대한 가치를 지니고 이를 저변화시키는 데도 목적이 있다. 경쟁력 있는 일자리를 확대해 사회에 기여한다는 차원에서 그렇다.

김 대표는 최근 또 다른 사업에 진출했다. 갈륨 나이트라이드(GaN)로 만든 센서를 국산화하는 데 성공했다. 별도의 필터를 사용하지 않고도 다양한 파장의 자외선을 감지할 수 있다. 이 센서를 활용해 2013년 자체 개발에 성공한 자외선 측정기는 독일 가스수도협회(DVGW) 기준을 통과했다. 김 대표는 국내에서 유일하게 이 DVGW 기준을 통과했다고 말한다. 이제는 자연광, LED(발광다이오드) 조명 등 다양한 광원의 자외선을 감지하는 센서를 만든다. 이 센서를 활용해 자외선 살균 정화장치나 LED 관련 장치에서 나오는 빛의 양을 측정해 고장이나 교체시기 등을 알려주는 시스템도 설계한다. 마이스 산업을 통해 지식재산서비스 중심의 무형 가치를 습득했다면 자외선 센서 기술을 연구 개발 생산 공급하는 제조업까지 사업 영역을 확대하는 데 성공한 것이다.

제니컴이 수행하는 마이스 산업과 UV 산업은 최근 강조되고 있는 융합 경제의 한 모델인 셈이다. 유무형의 가치를 한 단계 더 높여 회사 수익은 물론 서비스와 제조업이 서로 조화를 이뤄 새로운 미래 먹거리를 제시할 수 있는 벤처 중소기업으로 성장하고 있다.

그는 기업경영에서 무엇보다 사람과 사람 간의 관계를 중요시한다. 회사 사훈도 '상생, 해피투게더(happy together)'다. 세상을 행복하게 만들고 싶다면 고객들에 대한 서비스에 앞서 직원들에게 스스로 행복해져야 하고 행복한 회사를 만들어야 한다고 강조하는 이유다.

김 대표가 하는 일은 기나긴 과정을 이겨내기 위한 인내심도 필요하다. 창직이 단기성과로 이룰 수 없기 때문에 멀리 바라보는 거시적인 관점이 중요한 것과도 맥을 같이 한다.

창직의 핵심은 김 대표에게 보듯 자신감이다. '1호'라는 자신감이 있어야 한다. 누구도 개척하지 못한 걸 하고 있다는 자부심이 몸에 있어야 한다. 자신감 외에 창직할 때 다음 사항을 갖춘다면 1호를 넘어 성공한 사업으로 바꿀 수 있다.

첫 번째 아이디어가 전부가 아님을 인식하자.

시제품과 상용화는 차이가 있다. 시제품은 샘플로 한두 개 만든 것이고 상용화하는 가격이 표시되었고 박스포장까지 완료되어 유통업체까지 넘긴 상태다. 창직할 수 있는 아이디어라도 상용화까지 고려해야 한다. 즉 큰 그림을 그릴 줄 알아야 한다는 뜻이다.

두 번째 이름에서 무엇을 제공하는 일인지 확실히 알려야 한다.

'행복충전감성연구소', '힐링감동연구소' 등 1인 연구소를 통한 창직이 유행하면서 종종 보이는 이름들이다. 정확히 무엇을 하는 곳인지 모른다. 고객은 불분명한 곳을 찾지 않는다. 먼 미래를 생각하는 마음으로 정확히 무엇을 제공하는 일인지 확실히 알리자.

2세라고
부러워하지 마라

"창업이 어려운가, 수성이 어려운가. 공격보다 방어가 우선"

중국 역사상 가장 뛰어난 군주로 평가받는 당태종. 그의 정치 철학을 담은 〈정관정요〉에는 다음과 같은 일화가 나온다.

어느 날 당 태종이 신하들에게 이렇게 물었다.

"한 나라를 창업하는 것이 더 어려운가, 아니면 수성하는 것이 더 어려운가?"

이에 대해 당 태종의 창업을 도왔던 신하 방현령은 창업이 어렵다고 했고, 창업 이후 기용돼 나라의 안정을 도왔던 위징은 수성이 더 어렵다고 답한다.

신하들의 논쟁을 지켜보던 당 태종은 둘 모두의 주장을 인정하며 이렇게 정리한다.

"현재 창업의 어려움은 이미 과거가 됐고, 세워진 제왕의 사업을 유지하는 어려움은 마땅히 신하들과 신중히 상의해야 할 것이다."

당 태종도 인정했듯이 예부터 나라를 세우는 것만큼이나 그것을 지켜나가는 것도 어려운 일이다. 1500년이 넘는 오늘날에도 이와 비슷한 고민이 이어지고 있다.

한때 국내 많은 기업들이 가업 승계가 이뤄졌고, 지금도 진행 중이다. 그러면서 자연스럽게 2, 3세 경영에 대한 관심이 높아지고 있다. 한국에선 특히 이런 관심이 높다. 이는 우리 사회에 이어지고 있는 부의 대물림과도 무관하지 않아 보인다. 수년 전 한국의 1조 원 이상 상위 부자들을 대상으로 한 조사에서 상속 부자가 80%에 이르고, 자수성가한 부자의 비율은 20%에 그쳤다 한다. 반면 2011년 포브스의 자료를 보면 미국에서는 그 비율이 오히려 역전된다. 부자의 80%가 자수성가한 사람들인 것이다. 이제는 간혹 창업주보다 2세들이 각종 논란의 중심에 서기도 한다. 그만큼 지속 가능한 성공에 대한 고민이 더욱 깊어지고 있는 것이다.

(주)미건의료기 이재화 대표를 만났을 때 그도 같은 고민을 하고 있었다. 그 역시 창업주인 아버지의 뒤를 이은 2세 경영인이다. 이재화 대표는 만나자마자 당부의 말부터 꺼냈다.

"'경영'이라는 힘든 여정을 책임져야 하는데, 2세 경영인이라고 색안경을 끼고 바라보지는 말아 달라."

미건의료기는 이 대표의 부친 이상복 회장이 1988년 창업한 한열에너지가 모태다. 이후 1993년 대도산업을 합병 인수했고, 이듬해인 1994년 지금의 회사명으로 바꿨다. 창업주나 이 대표 모두 사실상 국내 최초의 가정용 건강 온열치료기 회사를 창업했다는 자부심은 대단하다.

부친은 평소 대체의학에 지대한 관심을 갖고 있었다. 집안에서 간단한 가정용 물리치료기 등으로 건강을 관리해왔다. 그러다 본격적으로 개발에 뛰어들었고, 회사를 세웠다. 그런 부친에 대해 이 대표는 아버지가 개발한 가정용 온열치료기는 '세계 최초의 발명품'이라고 추켜세운다.

그는 그러나 여느 2세 경영인들과 달리 어린 시절 집안 형편이 넉넉지 못했다. 부친이 하루 종일 개발과 발명에만 몰두하고 돈을 쏟아 부으니 생활이 나아질 수 없었다. 이 대표가 군대를 제대할 무렵에서야 가정 형편이 펴질 만큼 학창 시절 유복한 생활은 언감생심이었다.

이 대표는 대학 졸업 후 20대 중후반 젊은 나이인 2000년 부사장으로 입사했다. 하지만 본인도 싫었다. 밑바닥 실무 경험부터 배우고 싶었다. 그런데 평사원보다 위에서부터 멀리 넓게 보라는 아버지의 권유가 강했다.

당연히 회사 내 뒷말이 무성했다. 젊은 사람이 실무 경험부터 겪지 않고 곧바로 부사장이란 고위직으로 낙하산 발령을 받은 데 대한 곱지 않은 시선 때문이다. 2007년에는 대표이사에 취임했다. 그러는 사이 내부의 불편한 시선도 잠잠해졌다. 부친으로부터 배운 아랫사람과 윗사람에 대한 공경과 겸손, 검소함과 인화 단결을 강조한 그의 경영능력을 존중하기 시작한 것이다.

미건의료기는 주 고객층이 50~60대다. 기본적인 예의를 갖춰야만 살아남을 수 있는 B2C기업이다. 이런 문화가 자연스럽게 기업에도 녹아들었다. 젊은 CEO가 조직을 관리하는 비결이다. 그래서 기업의 비전과 핵심 가치를 효(孝)에서 찾는다. 미건의료기는 기업 특성상 연령이 많은 노년층이 주 고객이다. 어르신에 대한 공경이 기업문화에 배어 있는 배경이다.

물론 이런 문화가 정착된 것은 창업가인 부친의 영향이 크다. 부친은 온열치료기를 만드는 회사를 창업해 경영하면서 수요층이 주로 50~60대 이상이 많다는 점을 인식하고 자연스럽게 예의범절을 가르쳤다. 어른에 대한 공경의 문화가 자연스럽게 기업에도 스며든 것이다.

이 대표가 30대 초중반 무렵 대표이사에 취임할 당시 젊은 CEO에 대한 곱지 않은 시선도 그의 몸에 밴 공경의 자세로 슬기롭게 극복했다. 회사 자체의 핵심가치도 여기에 있다. 온열치료기를 사용하는 고객층에 대한 존중과 배려가 담겨 있는 것이다. 특히 갈수록 고령화되고 있는 현실에 맞춰 고객의 층은 보다 넓어질 것으로 보고 있다. 기업의 문화와 사회 현실 간 괴리를 자연스럽게 연결시킬 수 있는 장점을 갖췄다는 것을 이 대표는 강조한다.

미건의료기는 최근 전자파 걱정 없는 돌침대를 출시했다. 이 제품은 실용신안 출원에 이어 출시하자마자 2015 대한민국 명품 브랜드 대상을 수상했다. 이 대표가 이 제품에 애착을 갖는 것은 건강에 유해한 전자파를 돌침대의 온도조절기에서조차 나오지 않게 차단했다는 점이다. 보료뿐 아니라 온도조절기에서도 기존 돌침대나 흙침대와 달리 전자파가 발생하지 않는 게 특징. 이 돌침대의 핵심 기능은 디자인이 아니다. 온열을 전달해 주는 보료에 있다. 이와 관련한 원천기술을 활용해 제품을 개발했다. 소비의 주 타깃층인 고령인구에 대한 배려와 존중을 이해하고 있는 기업 문화가 바탕이 돼 자연스럽게 기술 개발로 연결한 부분이 눈에 띈다.

이 대표는 사람을 이해하면 기업 경영도 답을 찾을 수 있다고 말한다. B2C 기업 특성상 수요층을 보면 기업의 미래가 보인다는 것이다. 현재 미건의료기 제품은 세계 42개국에 수출한다. 우리와 다소 다른 문화권인 해외에서의 성공은 또 어떨까. 이재화 대표는 개인주의적 성향이 강한 서양에서 한국인의 정과 어른을 공경하는 문화를 알리는 것이 주효했다고 말한다. 나라마다 문화적 차이를 극복하는 것 역시 쉽지 않다. 이 대표는 이를 사람과 사람, 존중과 공경의 문화를 알리는 체험 마케팅을 십분 활용한 것이 먹혀들었다고 말한다.

한 통계 자료에 따르면 가업을 승계한 기업의 70%가 2대째 사라진다고 한다. 3대로 넘어가면 생존율이 10%로 줄어들고, 4세대에는 4%만이 살아남는다. 그만큼 수성이 어렵다는 것을 보여준다.

이 대표는 부친이 세운 기업이라는 점을 수시로 강조한다. 기업의 외형을 확대하는 것보다 지키는 것이 더 중요하다는 것을 보여주고 싶어서다. 그에게 경영의 주안점은 '살아남는 것'이다. 그래서 가장 먼저 수성의 의지가 강하다. 기업 특성상 소비자의 트렌드나 외부 변수 등에 의한 부침이 심하기 때문이다.

그리고 겸손을 챙긴다. 조직 내 인화 단결에도 노력을 기울인다. 특히 창업자의 사람과 내 사람을 구분하지 않는 조직 관리를 한다. 분산은 차이를 낳고, 통합은 동질성을 낳는다는 사실을 깨닫고 실천한다. 다음으로 그가 한 건 투명경영이다. 2세 경영인의 리더십이 도덕성으로부터 나온다는 사실을 알았다.

사실 창업자들에 비해 훨씬 나은 여건에서 경영에 임하는 2세들의 실패율이 1세대보다 높다는 건 안타까운 일이다. 최고경영자에 오른 2세들은 이런 충고를 받아들이기가 쉽지 않은 것도 사실이다. 창업자에 비해 경험과 위기관리 능력이 부족하고 실패를 많이 겪어보지 않은 탓이다.

《어떻게 지속 성장할 것인가》의 홍하상 작가는 경영 2세들의 성공을 더욱 높이 평가한다. 창업자는 의지, 열정, 기질 등 다양한 요소로 성공시켰지만 2세가 이런 다양한 요소를 갖기는 힘들 뿐더러 자칫 편안함이란 유혹에 빠져 실패할 확률이 창업자보다 훨씬 높다고 말한다. 2세 때 지속 성장하고 있다고 창업자보다 더 위대한 경영을 하고 있다고 볼 수 있다.

2세들이 창업자를 뛰어넘는 큰 업적을 단기간에 이루려다 실패하는 사례도 적지 않다. 이 대표 역시 창업자를 뛰어넘는 큰 업적을 남겨야 한다는 강박관념에 사로잡히지 말아야 한다고 늘 자기최면을 건다. 그래서 창업자인 부친이 남긴 사업을 완성하고 안정시키는 것이 사명이라고까지 말한다. 그에겐 성장보다 방어가 우선이라는 믿음이 강하다. 성장이 더딜지는 모르나 실수할 가능성이 대폭 줄어들기 때문이다.

지금 그곳에서
나만의 메카를 만들어라

"차별화된 콘셉트로 독자 영역을 구축하라"

일본 소프트뱅크의 창업주 손정의는 독서광이었다. 병원에 입원해 있을 때 1만 권의 독서를 했다. 독서를 통해 IT산업의 미래를 읽었다고 한다. 그 비전이 얼마나 생생했는지 사업을 시작할 때 아르바이트생 2명을 세우고 단상에 올라가 소프트뱅크의 비전을 제시했다. 아르바이트생은 미친 사람 취급하며 도망갔다고 한다. 그렇지만 그의 비전을 따른 사람은 부자로 삶을 누리고 있다. 당시 손정의는 소프트뱅크를 IT산업의 메카로 만들고 싶었던 것이었다. 현재 소프트뱅크는 핸드폰 로봇 판매 등 IT산업의 메카가 되었다.

알루미늄 압출에 관한 한 국내 최고라고 자부하는 알루코(옛 동양강철). 이 기업이 처음부터 알루미늄 분야에서 차별화된 영역을 구축한 건 아니다. 철강제로 시작한 기업이다. 기업의 역사도 부침이 심했다. 현재 기업을 이끌고 있는 박도봉 회장과 박석봉 부회장은 형제다. 박도봉 회장은 2002년 법정관리 중이던 당시 동양강철을 인수했고, 이듬해 흑자로 전환시켰다. 상장 폐지됐던 회사를 2007년 재상장 기업으로 발돋움시켰다. 동양강철은 유가증권 시장에서 상장 폐지 결정이 내려진 국내 기업 중 경영정상화 과정을 거쳐 재상장한 첫 기업이다.

현재 대표이사를 맡고 있는 박석봉 부회장은 2000년대 후반 누구도 가길 꺼렸던 베트남 공장 신축을 매듭지었다. 2008년 글로벌 금융위기 등 국내외 여건 변화로 어려움을 겪을 때 혈혈단신 베트남에 들어갔고, 신축부터 가동까지 마무리지었다. 회사가 2011년, 2012년 2년 연속 적자로 고전을 면치 못했을 때는 다시 흑자로 전환시키는 데 성공시켰다.

박도봉·석봉 형제는 모두 승부사 기질을 유감없이 발휘하고 있는 CEO다. 사실 동양강철은 형 박도봉 회장이 경영 수완을 발휘해 정상화시킨 기업이다. 박 회장은 사회에 첫 발을 내디딜 때부터 평범하지 않은 입사를 했다. 불가능을 가능으로 바꿨고, 실패를 자산인 양 감내했다.

박 회장은 1985년 대학을 졸업한 뒤 서울 영등포의 작은 열처리 업체에서 현장 노동자로 일했다. 당시만 해도 대학을 졸업하면 관리직으로 취직할 수 있었던 시절. 하지만 그는 생산직을 자청했다. 기술을 배워 후에 창업할 심산이었다.

박 회장은 낮에는 자신보다 나이 어린 직장 선배들에게 기술을 배웠고, 밤에는 이론과 지식을 습득했다. 입사 이듬해에는 영업직으로 자리를 옮겼다. 박 회장은 꿈과 열정으로 스스로를 단련시켰다. 영업직이 내키지 않았지만 제의가 왔을 땐 창업이란 꿈을 위해 선택했다. 영업사원으로 거래처를 찾아다닐 때는 무작정 발품을 팔던 관례에서 나아가 '30장 배포'라는 목표를 세웠다. 그는 매일 아침 출근할 때 명함 30장을 호주머니에 꽂고 이를 다 돌릴 때까지 집에 들어가지 않겠다는 각오로 영업처를 넓혀갔다. 6개월 만에 영등포 열처리업체 중 가장 많은 수주를 했다. 사내에서 '영업왕' 타이틀도 차지했다.

그는 여기에 열정을 더했다. 입사 2년 차 때는 월급도 꽤 올랐다. 여기저기서 영입 제의가 들어왔다. 한 업체는 아파트 한 채를 준다는 제안까지 해왔다. 하지만 기존 회사에 충실했다. 대신 회사 우수사원이면 갈 수 있는 중소기업 진흥공단 교육 프로그램을 부지런히 이수했다. 이를 바탕으로 회사에 시스템 경영을 계속 건의했다.

회사는 그러나 번번이 박 회장의 제언을 묵살했다. 잘 되고 있는데 굳이 바꿀 필요성을 느끼지 못하는 눈치였다. 사내 우군은 적어졌다. 더 근무할 필요를 느끼지 못했다. 진로를 고민하기 시작했다. 그 길로 사표를 냈다. 그리고 그동안 모은 얼마 안 되는 돈으로 경화물차를 구입했다. 독립하겠다는 마음을 먹었다.

영업에서 두각을 나타내고 있는 박 회장이 그만두겠다고 하자 뒤늦게 회사는 다급했다. 시스템을 바꾸겠다며 구슬렸다. 회사의 권유로 3개월 만에 다시 돌아갔다. 그러나 서너 달 흐르면서 다시 제자리였다. 있을 곳이 아니었다. 그 길로 미련 없이 다시 회사를 나왔다.

박도봉 회장은 1988년 말 본격적으로 창업을 준비했다. 지방공단에서 구하기 힘든 제품을 수주해 제작한 후 납품하는 사업이었다. 선배의 공장 한구석에 장안종합열처리라는 회사 간판을 내걸었다. 직원은 아내와 공고를 갓 졸업한 사원까지 고작 3명. 그는 낮에는 영업사원이었고, 밤에는 생산직으로 일했다.

사업은 궤도에 올랐다. 선진기술을 습득하고, 기술 국산화에 관심을 쏟기 시작했다. 이런 그의 열정으로 2년 만에 경기도 부천에 50평 남짓한 공장을 마련했다. 직원도 15명으로 늘어났다. 과감하게 설비 투자에도 나섰다. 다른 곳이 일반 버너를 도입할 때 박 회장은 과감하게 '전기로 설비'를 도입했다.

영업이 본궤도에 오르자 직원들에게 일을 맡기고 그때부터 일본을 오갔다. 당시 기술격차가 20년이라 할 만큼 일본에는 선진 열처리 공장이 많았다. 박사급 열처리 기술자들의 기술을 스펀지 흡수하듯 받아들였다. 학회에도 열심히 쫓아다녔다. 여세를 몰아 1992년 충북 충주에 1000여 평 규모의 제법 큰 공장을 세웠다. 이후 1995년 경기도 안산에 건물을 사고 공장을 늘려나갔다. 회사명도 플라즈마 기법을 적용했다고 해서 케이피티(KPT)로 바꿨다.

대기업 문턱에 다다를 만큼 회사는 커졌다. 탄탄대로일 것만 같던 박 회장에게 1997년 외환위기가 닥쳤다. 당시 회사의 유일한 거래은행인 K은행이 영업정지를 당했다. KPT의 어음, 당좌거래 등이 일

순간 정지됐다. 패닉 상태였다. 가족과 뿔뿔이 흩어질 각오까지 생각했다.

K은행의 업무를 인계받은 H은행이 한시적으로 어음할인을 해준다는 연락이 왔다. 급한 불을 껐다. 이후 박 회장이 꾸준히 개발해 갖추고 있던 열처리 신기술인 플라즈마 질화 처리 기술 등을 통해 수입품 대체 효과를 강조했다. 시장에서 먹히기 시작했다. 대기업 등에서 주문이 급증했다. 위기에서 벗어날 수 있었다. 그는 국내 금속, 금형 열처리업체 중 선두자리에 서게 됐다. 2002년 KPT를 열처리업계 최초로 코스닥에 상장시켰다.

외환위기의 파고를 헤치고 넘어간 건 박 회장 특유의 승부사 기질도 한몫했다. 그는 효율성을 업무에서 앞서가기 위한 최고의 무기로 보유했다. 당시 염욕질화 방식에 의한 열처리 기술 및 설비가 일반화돼 있던 시절이다. 하지만 이는 비용이 저렴하고 열처리 시간을 단축할 수 있다는 장점이 있는 반면 친환경적이지 못하고 열처리 품질과 수명이 제한적이었다. 그는 이보다 앞서 일본에서 선진 기술을 터득해 들여놓고 있었다. 그게 먹힌 것이다. 최선을 다하는 것에서 나아가 파도를 헤치고 나갈 무기를 갖춰 놓은 것이다.

이 무렵 동양강철이 매물로 나오자 과감히 인수전에 뛰어들었다. 당시 KPT는 동양강철의 납품업체였다. 처음에는 동양강철의 10분의 1 크기인 KPT가 먹겠나 싶었다. 그런데 박 회장은 '아루샷시'로 대변하는 건설자재가 주력이었던 동양강철을 인수해 제품을 다각화하면 승산이 있을 것으로 내다봤다. 또 한 번 승부사 기질이 발휘되는 순간이다. 결국 2002년 동양강철을 인수했다. 이제는 건축용 자재인 알루미늄 새시 사업에 본격적으로 눈을 뜨기 시작했다.

2008년 글로벌 금융위기 당시 환율이 급등할 때 알루미늄 원자재 수급에 차질을 빚었다. 박 회장은 이때 사업 포트폴리오 재편을 했다. 철강제의 대체재로 알루미늄 제품을 내세웠다. TV부품, KTX용 외장재, 자동차 부품 등을 생산하며 위기를 돌파했다. 알루미늄 압출에서 최고라고 자부하는 것도 이런 배경이다.

2014년 5월 하순, 박 회장과 동생 박석봉 부회장을 각각 따로 만났을 때 형제는 리더의 자질에 대해 같은 얘기를 꺼냈던 기억이 난다. 형제 CEO는 거창한 구호보다 '신의와 성실'을 최우선으로 꼽았다. 두 형제 CEO 모두 경영을 하면서 사람과 사람 사이, 기업과 기업 사이의 약속을 지키고 신의를 유지한 것이 성공의 가장 큰 비결이라고 말한다.

알루코는 형제가 구축한 독자적인 영역 덕에 지금은 매출 3000억 원을 넘는 중견기업으로 성장했다. 이제는 지방 한 소도시를 '알루미늄 메카'로 조성하겠다는 청사진 아래 현대알루미늄, 고강알루미늄, 알루텍, KPTU, 현대알루미늄비나 등 알루미늄 압출 관련 그룹사 통합 일관생산 체계를 구축했다.

기존 알루코의 그룹사는 서울, 대전, 울산, 옥천, 화성 등 전국에 흩어져 있었다. 이로 인해 물류 비효율성 문제가 자주 제기됐다. 박 회장은 지방 소도시에 대규모 신규 투자를 진행하면서 그룹사 본사와 공장뿐 아니라 협력업체까지 모두 총집합시키는 작업을 진행하고 있다. 과거 비효율을 효율로 극복했듯이 최근까지 제기된 비효율을 없애고 시너지 효과를 극대화하겠다는 취지다.

박 회장은 기회를 보는 눈을 가졌다. 아니 만들어 갔다. 많은 위기를 극복할 수 있었던 것 역시 그의 운에 앞서 비효율을 효율로 바꾼 그의 적극성에서 비롯됐다. 그는 물론 신의ㆍ성실을 누구보다 강조한다. 그래서 최선을 다한다. 당연히 최선을 다하는 것도 중요하나, 그게 전부가 아니었다. 불가능을 가능으로 바꿀 수 있었던 것은 꿈을 망상이 아닌, 현실로 만든 그의 승부사 기질과 기회를 포착할 수 있었던 그의 노력이 깔려 있었던 건 분명하다.

"꿈은 클수록 좋고 욕망은 치열할수록 좋다고 한다. 지금 사업체의 규모나 자본을 떠나 한 지역에 '메카'를 조성하겠다는 꿈을 가져보는 게 어떨까. 꿈꾸는 건 자유고 상상하는 것 역시 자유다. 그렇지만 꿈꾸는 사람만이 그 꿈을 이룰 수 있는 법이다."

07

배움을 포기한 기업은
망한다

"배움을 통해 변화를 능동적으로 만들어 가라"

일본은 1990년대를 잃어버린 10년이라고 말한다. 세계는 경쟁의 방식과 게임의 룰이 급속도로 바뀌고 있는데 새로운 도약을 위한 생존전략을 찾지 못했다. 돌파구는 없어 보였다. 저성장 시기에 갇혀 있으면서 대전환을 하지 못한 탓일 것이다. 잃어버린 20년이란 얘기까지 나왔다. 여전히 경제 선진국인 일본은 지금도 혁신을 거듭하고 있다.

기업이나 개인도 국가와 다르지 않다. 무한경쟁의 시대에 기업은 더욱 그렇다. 소비자들의 트렌드가 빠르게 변하고, 기술경쟁도 치열하다. 총성 없는 전쟁이라는 특허 전쟁도 뜨겁다. 가만히 있으면 도태된다. 지금까지 살펴본 대부분의 성공한 CEO들 역시 누구보다 선제적 대응에 뛰어났다. 그래서 살아남았고, 살아남으려는 노력을 하고 있다. 그래서 히든챔피언이라 부를 만하다. 오늘의 1등이 내일의 미래를 보장하지 못하는 시대다. 자기 파괴적인 혁신을 하지 못하면 새 도약도, 밝은 미래도 없기 때문이란 사실을 잘 알고 있기 때문이다.

혁신의 필요성을 100번 강조해도 부족하지 않다. 그렇지만 사람을 피곤하게 하는 것도 사실이다. 피곤한 혁신을 지속시키기 위해선 사실 배움뿐이다. 배움을 포기한 기업은 혁신을 포기한 기업이다. 배움을 CEO가 몸소 나서는 기업은 혁신에 성공하고 혁신을 피곤한 존재가 아닌 즐기는 대상이 된다.

프랜차이즈 업계에서 갖은 실패를 겪으며 기업을 일군 한윤교 (주)가르텐 대표는 자만에 빠졌다가 혹독한 시련을 겪은 CEO다. 그는 사실 남부러울 게 없는 국내 굴지의 대기업 S전자에서 10여 년간 엔지니어로 일했다. 하지만 더 이상 배워야 할 게 많지 않다고 봤다. 그래서 뭔가 새로운 일을 찾고 싶었다. 1993년 회사를 그만뒀다. 주변에선 만류가 많았다. 안정적인 인생이 보장돼 있는데, 왜 그만 두냐는 거였다.

이후 PC방부터 간판업, 수입가구업, 외식업 등 안해 본 게 없을 만큼 수많은 시도를 했다. 하지만 할 때마다 결과는 참담한 실패였다. 그렇게 8~9년의 세월이 흘렀지만 나아지는 게 없었다. 그는 곰곰이 성찰의 시간을 가졌다. S전자에 근무했다는 자만에 빠져 있었다. 당시에는 뭐든 할 수 있다고 봤다. 하지만 사회는 냉정했다. 현실을 직시하지 못한 탓이다. 사업적 어려움은 연이어 닥쳤다. 잇단 실패의 종말은 신용불량자였다. 한창 성장해야 할 어린 자녀들에게 아버지 노릇도 제대로 못했다. '살고 싶지 않다'는 생각이 한두 번이 아니었다.

한 대표는 성찰했고, 깨닫기 시작했다. 단순히 열심히만 한다고 되는 게 아니라는 것을 알기 시작했다. 무조건 최선을 다하는 것만으로는 부족하다고 봤다. 이때부터 수많은 창업박람회를 쫓아다녔다. 창업 전문가에게 컨설팅을 받으며 자문도 구했다. 다양한 정보를 얻으며 실패를 통해 새로운 도전을 찾기 시작했다.

2003년 지방 대도시의 한 백화점 주변에 25평 남짓한 가게를 얻어 '가르텐비어'라는 맥주전문점을 열었다. 처음엔 그저 먹기 살기 위해 시작한 창업이었다. 그러다 맥주의 시원한 맛을 유지시켜주는 비결을 고민하기 시작했다.

어느 날 가게를 청소하던 중 테이블을 툭 쳐 그 위에 놓여 있던 술잔이 바닥으로 떨어져 깨지는, 그야말로 일상에서 있을 법한 일을 경험했다. 그때 한 대표는 무릎을 쳤다. 테이블에다 구멍을 뚫어 그 속에 넣어 놓으면 잔이 깨질 일이 없겠다고 생각했다. 더욱이 그 구멍 내부에 맥주의 맛을 유지시켜 줄 수 있는 냉각시스템을 갖춰 놓는다면 얘기가 달라진다.

한 대표는 바쁘게 움직였다. 엔지니어 출신이란 이력을 살려 고민과 연구를 하기 시작했다. 그가 고안한 것은 냉각테이블. 이는 맥주를 가장 맛있는 온도인 4℃로 유지해 주는 냉각 홀더가 탑재된 테이블이다. 오랜 시간이 지나도 맥주의 시원한 맛을 그대로 즐길 수 있게 해 준다. 이런 시스템을 만들기 위해 옛 직장 선배를 찾아가 원리를 설명하고 개발에 착수했다. 맥주 온도보다 주위의 온도가 차가우면 탄산이 빠지지 않아 맥주의 맛을 유지할 수 있다는 원리를 응용한 것이다. 여기서 그치지 않았다. 신선도 100%의 맥주를 맛볼 수 있는 아이스 잔도 자체 개발했다.

결과는 성공적이었다. 마지막 한 방울까지 시원하게 맥주를 즐길 수 있는 냉각테이블과 아이스잔이 유명세를 타면서 매출이 늘기 시작했다. 한 대표는 여기에 만족하지 않고 충전식 배달용 맥주 등 다양한 제품을 만들었다. 그리고 400여 개의 프랜차이즈 관련 발명 특허를 냈다. 이를 바탕으로 가르텐 호프&레스트 외에 치킨퐁, 요리마시따, 작업반장 등 4개의 프랜차이즈 브랜드를 론칭했다. 체인점 문의가 잇따랐다. 서울에도 진출해 80여 개의 매장을 더 늘렸다. 중국과 인도네시아 등 해외에도 6개의 매장을 오픈했다. 최근 베트남, 말레이시아 등 동남아시아 시장 진출을 확대할 계획이다.

가르텐은 현재 연매출 약 500억 원, 전국 가맹점 400여 점에 달하는 어엿한 국내 100대 프랜차이즈 기업이 됐다. 이때의 가르텐비어는 지금의 가르텐 호프&레스트의 모태다.

가르텐의 성공 비결은 셀프리더십 교육과 도전정신으로 요약된다. 한 대표는 매주 목요일 오전 6시 30분부터 2시간 동안 본사에서 어울림 독서 나비 포럼을 연다. 이 독서모임에는 대학생부터 주부, 직장인, 대학교수 등 다양한 계층이 참여한다.

그런데 기업 경영과 독서모임이 무슨 상관관계가 있을까. 2015년 3월 한 대표를 만났을 때 이런 의문은 자연스럽게 풀렸다. 기업의 최

우선 목표는 당연 이익창출이다. 그래서 지속적인 성과 창출을 위해 신상품 개발, 마케팅, 연구 등 많은 투자를 한다.

그러나 결국 답은 사람이다. 급변하는 시대에 기업이 필요로 하는 건 인재다. 모든 건 사람을 통해 이뤄진다. 직원의 강점이 곧 기업의 강점이다. 개인의 성장이 곧 개인의 성과로 나타나며, 개인의 성과는 기업의 성과로 직결된다. 이런 성과를 지배하는 셀프리더십은 결국 자기관리 또는 자기경영 시스템이다. 성과를 극대화할 수 있는 도구인 셈이다. 결국 한 대표는 직장 내 독서토론모임을 정기적으로 운영하는 등 셀프리더십 교육을 통해 내부 학습문화를 정착시켰다. 중소기업의 열악한 교육문화를 직원들의 성장에 보탬이 되는 교육시스템으로 정착시킨 것이다. 이런 활동으로 문화체육관광부 주최 '독서경영 우수 직장 사례발표'에서 한국 출판문화산업 진흥원장상을 수상하기도 했다.

가르텐 본사에 들어서면 1층에서 2층으로 올라가는 계단의 한쪽 벽면에 전 직원의 얼굴사진과 함께 그들만의 자기소개서 같은 프로필들이 전시돼 있다. 간단한 일종의 목표, 꿈, 비전 같은 것을 적어 놓은 글과 함께 걸려 있다. 개인의 업무 매뉴얼을 만들어 놓고, 그 목표에 도달하기 위해 끊임없이 개인의 성장을 이뤄내고 있는 부분을 볼 수 있다.

그는 여기에 더해 '무엇이든 두려워 말고 도전해야 한다'는 자기 최면을 거는 말을 실천했다. '난 할 수 있다'는 마법을 경험한 때문이라고 그는 말한다. 관습에서 벗어나지 못하면 성공하기 쉽지 않다. 실패했다고 낙담도 두려워도 말고, 실패 사례를 좋은 경험으로 삼아 공격적으로 도전하면 얻을 수 있다는 게 그의 지론이다.

한 대표는 꿈이 있기에 가능했다고 늘 말한다. 꿈꾸는 자는 행복하다. 그 행복을 유지하기 위해 배움을 자극하는 남다른 호기심을 지녔기에 성공할 수 있었다.

66미지의 새로운 것을 알아가는 것은 기본이다. 낯익은 것을 낯설게 바라보고 새롭게 생각하는 것도 배움이다. 끊임없는 배움을 통해 남다르게 바라보고, 항상 새롭게 생각하자. 그 끝자락에서 참신한 대안을 제시할 수 있는 힘이 길러진다.99

PART 4

나누면
함께
성장할 수
있다

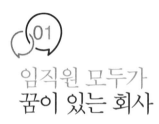

임직원 모두가
꿈이 있는 회사

"꿈을 응원하고 실현할 내 안의 꿈공장을 만들어라"

인류에게 스마트폰을 선물했던 스티브 잡스. 그가 세상을 떠나자 미국 젊은 직장인들이 회사를 떠나는 일이 발생했다. 이유인 즉 스티브 잡스가 평소 강조했던 '나의 꿈'을 찾겠다며 떠난 것이다. 발등에 불 떨어진 인사팀은 추가이탈을 막기 위해 대책을 마련한다. 바로 전 직원에게 사명서 작성을 교육한 것이다. 사명서는 개인 사명 하나와 직장 사명을 적게 했다. 사명서는 액자로 만들어 선물했다고 한다. 그만큼 사명은 개인과 회사 심지어 국가에도 영향력을 미치는 것 같다. 이런 사명이 직장 구성원 모두 공통된다면 시너지는 10배, 100배 나오는 회사가 탄생된다.

새로운 분야에 도전하고 꿈을 키우는 기업들은 많다. 그런데 꿈을 실현하기 위해서는 중요한 요소 하나가 반드시 필요하다. 바로 창의성이다. 기업의 미션 스테이트먼트에 들어있는 형식적인 의미의 창의성이 아니라, 기업이 시장에 선보이고 있는 모든 상품이나 서비스에 배어있는 그런 창의성 말이다. 미션 스테이트먼트는 단순한 슬로건이 아니다. 기업의 목표, 자세, 조직 문화, 행동 기준 등을 단적으로 표현하는 선언문이다. 전 종업원이 일상의 업무에서 판단의 준거가 되는 기준의 역할을 부여하는 것이다.

전형광 하늘빛(주) 대표는 우리 사회의 건강성과 미래에 대해 진심으로 고민한다. 청년세대를 위한 노력이 그렇고, 직원들에 대한 꿈 공장 프로젝트 활동이 그렇다. 우리는 습관적으로 사회적으로 의미 있는 일에 대해 거창한 구호를 중심으로 얘기한다. 하지만 그는 일상 속에서 사회의 건강한 혁신을 위해 헌신한다. 그의 미션 스테이트먼트는 '불가사의한 힘이 바로 꿈'이라고 말한다. 이를 실현하기 위한 구체적인 프로젝트를 추진하는 걸 보면 놀라지 않을 수 없다.

하늘빛은 유기가공식품 전문회사다. 1999년 6월 회사를 창업한 이래 그가 돈 문제, 사람 문제 등 숱한 어려움을 겪으면서 느낀 결론은 '사람이 해답'이라는 것이다. 보다 정확히는 '꿈꾸는 사람이 해답이다'라는 것이다.

전형광 대표는 서울의 한 명문대에서 건축공학과를 졸업하고 관련 업종의 대기업에 취직, 사회에 첫발을 내디뎠다. 평범하지만 꿈 많은 회사원이었다. 그러다 1990년대 후반 외환위기가 닥치면서 다니던 회사에서 명예퇴직을 당했다. 힘겨운 시기를 거쳤고 몸도 아팠다.

시간이 흘렀고, 운명처럼 미리 짜 놓은 듯한 만남처럼 자신의 아픈 몸을 일으켜 세워 준 생식과 연을 맺는다. 이를 계기로 1999년 6월 2일 현 회사의 모태가 되는 한빛식품이라는 식품제조가공업체를 설립하고 지방의 한 소도시에 터를 잡는다. 그는 친환경 유기가공식품을 국선도, 생협 등에 납품한다. 이후 연구소나 대학 등과 교류하고 소통하면서 신상품 개발을 논의한다. 숱한 아이디어 논의 끝에 유기농 야채수프와 두유, 기능성 음료, 홍삼식초 등을 생산하기 시작했다.

고통이 없다면 그 결과물에 대해 매기는 가치도 없는 게 세상의 이치. 명퇴에 이은 건강 문제, 숱한 아픔을 딛고 일어선 그에게 다시 회사 경영의 어려움, 열악한 수익 기반 등 시련이 이어졌다. 아내와 이혼 직전까지 갈 만큼 다투기도 많이 했다.

10년이 넘도록 그동안 무엇이 부족했고, 왜 사업에 실패했으며 어떻게 하면 성공하는 회사를 만들 수 있는지에 대해 고민을 거듭했다. 그가 내린 결론은 경영의 모든 혈관에 꿈이라는 비타민을 주입하는 것이었다.

전형광 대표는 꿈을 가진 회사, 꿈이 있는 직원만이 회사를 키울 수 있고 국가에 미래가 있으며 인류에 희망이 있겠다는 생각을 굳히게 된다. 그래서 '꿈을 담을 수 있는 시스템'을 마련하는데 주안점을 두기 시작한다. 이후 하늘빛은 유기가공식품의 2차 산지로 성장하던 중 전 대표의 '꿈 철학'을 바탕으로 직원들에게 꿈을 담기 시작했다. 지금은 모든 사람들에게 꿈을 심어줄 수 있도록 매월 고객들을 하늘빛 꿈 공장에 초대해 생산 현장을 직접 체험하게 하는 '꿈 체험교실', 우리나라와 해외를 망라한 모든 이들의 꿈 경영장인 '하늘빛 꿈 축제' 행사를 대대적으로 벌이고 있다.

하늘빛이 현재 생산하고 있는 유기농 전두유('콩후' 브랜드 세 종류)는 일반 두유와 달리 비지까지 통째로 갈아 만든다. 합성착향료, 유화제, 소포제 등을 넣어 만든 일반 두유와 달리 하늘빛 콩후는 유화제 등을 일체 넣지 않은 수제 프리미엄급 두유다. '새싹콩후' 제품은 농업기술실용화재단과 협력해 만들어 낸 아이들을 위한 고품격 두유다. 아토피나 알레르기 비염에 걸린 아이들에게 좋다고 전 대표는 말한다. 유기야채스프는 현재 하늘빛의 주력 상품이다. 30여 년 전 일본인 다테이시 가즈가 개발한 건강음료를 재해석해 내놓은 상품이다. 국내서는 항암음료로 많이 알려져 있으며 다이어트, 변비, 아토피, 알레르기 비염, 고혈압, 당뇨 등 성인병에도 좋다고 알려져 있다. 하늘빛은 생협인 한살림에 '유기채소액'이라는 이름으로 매월 수천 상자를 납품한다.

전 대표는 회사를 왜 '꿈공장'이라고 표현할까. 거기에는 그의 꿈 철학이 녹아든 하늘빛만의 콘셉트가 있다. 하늘빛은 일단 전 직원이 정규직이다. 한때 생산 부분에서 동네 아줌마들을 비정규직으로 고용한 적이 있다. 하지만 꿈을 키우는 회사에 비정규직이 맞지 않겠다고 보고 직원들의 협조를 구해 모든 사원을 정규직으로 채용해 오고 있다.

하늘빛 꿈공장의 핵심은 모든 직원이 꿈을 실현하기 위해 꿈을 인큐베이팅하는 회사라는 것이다. 매월 셋째 주 금요일, 이날 하루는 전 직원이 모든 생산을 멈추고 '꿈의 대화'라는 전일교육을 한다. 교육을 통해 전 사원이 자기 꿈의 CEO로 만들기 위한 프로그램을 진행한다. 이런 교육프로그램을 연간 200시간 진행한다. 직원들이 돌아가면서 준비하고 발표가 끝나면 해당 발표에 대해 강사료를 지급한다.

꿈의 대화 프로그램에는 '꿈꼬대', '브라보 나의 인생', '하늘빛 위인전' 등으로 구성된다. '꿈꼬대'는 꿈에너지 공급시간(1시간30분~2시간)을 말한다. 본인이 꿈을 어떤 조건에서 어떻게 실현했는지 구체적인 사례를 통해 발표한다.

'브라보 나의 인생'은 일종의 발표력 향상 교육이다. 태어나서 지금까지 본인이 걸어온 삶을 발표 자료로 만들어 다른 직원들 앞에서 소개한다. 전 대표는 이를 인사고과에 반영하며, 직원들끼리 평가해 등급을 결정한 뒤 강사료를 준다.

'하늘빛 위인전'은 지금부터 죽을 때까지의 본인 모습에 대한 발표다. 역시 인사고과에 반영되며 강사료도 지급한다.

하늘빛만의 두 핵심 콘셉트 중 또 다른 하나가 바로 구글 문서와 스마트폰을 활용한 소위 '하늘빛 EPR 개방 시스템'이다. 유기식품을 만드는 회사 특성상 원료, 회계, 생산, 관리, 인사 등 회사 전반적인 관리 프로그램이 필요하다. 전 대표는 여기서 착안, 구글 문서와 스마트폰을 이용해 일체의 돈을 들이지 않고 전사적 관리 시스템을 구축했다.

이 시스템은 전 직원이 업무처리 상황표나 직원회의 내용 및 결과 등을 구글 문서에 게재하고 모든 직원이 개방해 보도록 한다. 이를 위해 매주 월요일 오후 7~9시 2시간 동안 노트북과 스마트폰을 활용하는 교육을 한다. 2011년 5월부터 시작해 올해 5년째 이어오고 있다.

이 시스템은 전 직원을 자신의 꿈 CEO로 키우기도 한다. 대표는 3년간 직원들의 이런 소셜 활동을 평가한 뒤 3년이 지나면 '꿈공장 프로젝트' 과제를 응모한다. 이 과제에 선정되면 자신이 하던 일을 후임자에게 인계하고 1년간의 준비기간을 거쳐 자신이 원하는 꿈 공장을 하늘빛부설연구소와 함께 준비한다.

이때 전 대표는 이 직원에게 별도의 꿈공장을 설립하는 총 비용의 40%를 출자 형태로 지원해 준다. 즉, 직원이 식당이든, 커피숍이든, 치킨집이든, 어떤 콘셉트로 어떤 차별성을 갖고 가격대부터 장소, 디자인, 마케팅 공략 대상 등 전체적인 사업 준비를 한 뒤 1년 후 원하는 장소에 원하는 꿈공장을 차릴 수 있도록 돕는다. 하늘빛이라는 꿈공장의 가장 큰 핵심 꿈 경영 시스템이다.

전형광 대표는 이런 시스템을 최근 브라질에 수출하기 위한 논의도 시작했다. 하늘빛과 동일한 경영방식을 갖춘 꿈공장 형태의 유기가공식품회사를 설립해 달라는 현지인의 요청을 받은 것이다.

전 대표는 사람과 사회를 구할 원동력이 바로 꿈이라고 믿는다. 그래서 이 시대 모든 사람들에게 꿈을 갖고 도전해 보라고 권한다. 그는 여기에 꿈을 구체적으로 실현시킬 자신 만의 꿈공장을 만들 것을 주문한다.

전형광 대표처럼 꿈은 기업의 감성을 자극하는 창조적인 노력의 결과라고 할 수 있다. 오늘날 혁신지향적인 세계에서 감성을 자극하는 일은 생각보다 쉽지 않다. 평범한 상품과 서비스를 꿈으로 전환시키기 위해서는 끊임없이 고객들을 놀라게 하면서 고객들의 상상력을 자극하는 노력이 필요하다. 이 노력은 지속성과 독창성이 있어야 한다. 의도적인 창작과정이 배어 있어야 한다. 실패 속에서도 꿈을 잃지 않았던 전형광 대표는 단순히 꿈을 꾸는데서 나아가 꿈을 응원하고 격려하라고 말한다. 그 꿈공장은 어느새 현실로 눈앞에 다가온다고 믿는다. 전형광 대표는 미션 스테이트먼트를 누구보다 앞서 실천하면서 회사를 꿈공장으로 만들어 가고 있는 CEO다.

❝미국의 사상가 겸 시인인 랄프 왈도 에머슨은 이렇게 말했다.

"성공이란, 건강한 아이를 낳든 한 평의 정원을 가꾸든 사회 환경을 개선하든 내가(기업이) 태어나기 전보다 세상을 조금이라도 좋은 곳으로 만들어 놓고 떠나는 것, 내가(기업이) 이곳에 있음으로 해서 단 한 사람의 인생이라도 행복해지는 것, 이것이 진정한 성공이다."❞

우연한 인연을
가볍게 여기지 마라

"수많은 인연과 경험을 소중히 생각하라"

우리 삶은 우연의 요소가 참으로 많다. 누군가 던진 말 한마디에 인생이 바뀌고, 우연히 방문한 곳에서 운명을 바꾸기도 한다. 우연의 연속이 모여 삶이 된다. 문제는 우연이 호연이면 좋지만 악연이면 힘이 든다. 이 역시 우연이다. 성공한 사람을 만나면 우연이 호연이든, 악연이든 자기 발전요소로 여긴다는 공통점이 있다.

수많은 성공한 기업가를 만나면서 인연이라는 것이 소중하다는 것을 느낄 때가 많다. 그들의 성공 비결을 누구보다 가까이서 들었기 때문일 수도 있다. 책에서만 접할 수 있는 얘기들을 남보다 먼저 들었다는 쾌감도 있을 수 있다. 그래서 남보다 조금 더 쉽게 성공할 수 있지 않겠나 하는 엉뚱한 자신감도 가져 본다. 그들의 성공기를 인터뷰하고 소개하면서 실낱같이 약했던 인연을 만들어도 봤다. 이제 또 이들의 성공기를 한데 묶어 또 한 겹의 두께를 쌓는 인연이 됐다. 그로인해 두 개의 새로운 인연이 만들어졌다. 이 인연들이 또 앞으로 어떻게 퍼져 나갈지는 알 수 없는 일이다. 그래서 조심스럽고 두려운 마음을 늘 간직하며 살아야겠다는 생각이 앞선다. 한편으론 새로이 만들어지는 좋은 인연에 감사하며 살아야 하는 이유이기도 하다.

기업가들에게 인연은 종종 소중하고 값진 결과로 나타나기도 한다. 그 인연은 늘 경험에서 나오기 마련이다. 평생을 '철'과 함께 진실되고 정직한 삶을 살아온 유재욱 오성철강 회장과 그가 만든 기업은 인연의 스토리에서 시작한다. 유재욱 회장은 철은 진실하다고 믿는다. 사람이 돈을 벌어 철을 배반할 뿐, 철이 사람을 배반하지 않는다고 확신한다. 철은 진실되고 강직하기 때문이다.

그가 이런 확고한 신념을 갖게 된 계기도 한 사람과의 소중한 인연에서 시작된다. 유 회장은 젊은 시절 이곳저곳에서 일하며 모은 돈으로 20대 중반인 1972년 초 철물공구점인 한신공구를 차렸다. 당시 점포를 빌려 진열대를 직접 만들고 망치와 펜치 같은 제품을 팔았다.

그런데 어느 날, 돈을 조금 벌어 서울 청계천에서 비싼 공구들을 대량 구입해 가게에 적재해 놨는데 그만 몽땅 도둑을 맞고 말았다. 엎친 데 덮친 격으로 가게에 화재까지 났다. 유 회장은 그래서 도둑맞을 염려가 없고, 불이 나도 손해가 가지 않을 사업을 고민했다. 답은 철강재였다.

유 회장은 1973년 현 오성철강의 모태인 중부철재상사를 세웠다. 그리고 무작정 찾아간 곳이 대기업 D제강업체다. 당시 D사는 철강업계 부동의 1위면서 국내 재계에서도 5위권에 들던 대기업. 유 회장은 쇠라도 녹일 것 같은 20대 젊은 열정을 앞세워 D제강 최고 오너 곁을 맴돌기 시작한다.

유 회장은 당시 부산에 본사를 둔 D사를 계속 찾아가 J회장 주변을 맴돌았다. D사의 제품을 납품받을 수 있도록 해 달라는 요청과 함께였다. 그러다 J회장과 눈 한 번 마주칠라치면 꾸벅 인사를 했다.

J회장이 "니, 뭐꼬"라고 물으면, 유 회장은 "○○에서 온 누구입니다"라고 대꾸했다. 그러면 또 J회장은 "오 그래, ○○" 하면서 관심을 보이곤 했다.

그러던 중 D사가 전국에 철강 물류유통망을 갖추는 계획을 추진한다. 유 회장 나이 30살인 1978년 무렵이다. 당시 D제강은 대전, 대구, 광주, 부산 등 전역에 D사가 생산한 철강제를 각 지역에 관급 자재로 보급하는 유통망을 갖추는 사업을 추진 중이었다. 당시 D사의 하치장을 따내려고 전국에서 내로라하는 철근업체들이 소위 국회의원 인맥까지 동원하며 로비를 하던 시절이다. 학연, 혈연, 지연 등 연줄이 없던 유 회장에겐 열정과 자신감만 있을 뿐이었다. 그러면서 자신만 믿고 D사 주변을 계속 맴돌았다.

그러던 어느 날, D사의 비서실에서 한 통의 전화가 왔다. "회장님이 광주에 있는 사업장을 가기 전에 (유 회장이 운영하는) 중부철재상사를 방문하겠다"는 것이었다.

유 회장은 지금도 J회장과 독대하던 날을 잊지 못한다. J회장은 미리 20~30분 전에 도착해 유 회장이 운영하는 사업장을 꼼꼼히 들러본 터였다. 이 자리에서 J회장은 유 회장에게 평생의 경영 철학을 가르친다.

자신의 사업 아이템을 배반하지 않는 신뢰와 믿음의 경영 철학. 특히 그것이 강직성을 띤 철이라는 아이템은 이를 배반하는 건 사람일 뿐이라는 사실과 함께 철에 대한 명쾌한 해석을 남긴다.

그러면서 J회장은 당시 유 회장에게 두 가지 철칙을 강조했다. 첫째, 철강 사업을 통해 돈을 벌면 정치나 다른 잡다한 일에 절대 시간과 열정을 빼앗기지 말라는 것이다. 둘째, 모든 건 현장에 답이 있으며 철은 당신을 배반하지 않으니 열과 성을 다해 철을 다루라는 것이었다.

유 회장은 사업으로 돈을 버는 것은 돈을 벌어 무엇을 하겠다는 목적을 달성하기 위한 수단이지, 돈을 버는 자체가 목적이 돼서는 안 된다는 확고한 철학을 갖고 기업을 경영해 왔다. 사람도 함부로 버리지 않았다. 지금도 경제 관련 단체인 상공회의소 업무만 볼 뿐 활동하는 지역 내 각종 단체장 제의를 모두 고사한다.

유 회장은 당연히 D사의 철강 물류 하치장에 선정됐다. 그리고 지금의 오성철강주식회사로 법인 전환했다. 1983년 무렵이다. 지금도 오성철강 본사 외벽에는 D사 하치장이라고 표기돼 있다. 이후에도 J회장은 서울 본사로 유 회장을 불러 선술집에서 만나면 '철은 절대 사람을 배반하지 않는다'는 경영 철학을 강조하곤 했다. 유 회장과 J회장과의 인연은 2000년대 중반 J회장이 작고할 때까지 30여 년간 이어진다.

유 회장은 오랜 세월 기부하는 CEO로도 유명하다. 1980년부터 30년 넘게 한 달도 빼놓지 않고 어린이 관련 재단에 기부했고, 최근 이곳 명예의 전당에 이름이 오른다. 전국에선 94명 정도에 불과하다. J회장의 가르침을 평생 실천하며 살고 있다.

인연은 모두 경험에서 비롯된다. 사람이 만나지는 이유는 특별하고 헤어지는 것에는 별 이유가 없다는 말이 있다. 반대로 보면 그만큼 특별한 것은 흔치 않다는 것이다. 누군가와의 인연이 되는 게 쉽지 않다는 말이다. 원래 글이란 것도 자신의 경험만큼 이해하는 것일지도 모른다. 그런 만큼 경험을 쌓아 가는 것도 소중한 인연의 시작일 수 있다.

이두식 이텍산업 회장은 영업으로 승부를 걸다가 소중한 인연을 만나 창업을 한 CEO다. 대학 졸업 후 특수장비차와 관련한 해외 영업 업무를 하던 그에게 한 대만인 사업가가 창업을 권한다. 이두식 회장의 인생까지 바꾼 인연이 된다.

이 회장이 특장차 관련 K사에 근무할 당시 이 대만인 사업가는 자국 내 철도 보수용 기관차량인 소위 모타카를 한국에서 제조할 수 있는지 문의해 온다. 국내 시장을 아무리 조사해 봐도 이를 제조할 만한 기업이 없던 시절. 그나마 3개 업체 정도 있으나 이마저도 이 사업가의 요청을 수락할 만큼의 기술력을 갖추고 있지 못했다. 그 업체들 역시 관심이 없었다.

이 회장은 곧바로 수출할 능력을 갖춘 업체가 없다고 회신했고, 이 사업가는 한국에 들어와 같이 시장을 조사해 보자고 제의한다. 이 회장은 대만 사업가와 3일 간 국내 시장을 조사했다. 역시 답을 찾지 못했다. 이 사업가가 떠나기 전날, 이 회장은 본인 집으로 저녁식사 자리에 초대한다. 이 사업가는 이때 이 회장에게 '당신이 사업을 하면 잘 할 것 같다'며 권한다. 평생 사업을 한 사람의 시각으로 볼 때 그렇다는 칭찬과 함께였다.

며칠간 고민 끝에 이 회장은 사업을 하기로 결정한다. 1994년 사무실 구할 형편이 못돼 자택에다 전화기와 팩스 등만 놓고 무역업 사업자등록을 낸 뒤 창업을 했다. 그 시절 무일푼인 사람이 은행에서 돈을 빌린다는 것은 지극히 어려운 현실. 그런데 당시 이 대만인 사업가가 써 준 신용장은 이 회장에게 엄청난 자산이 된다.

이 회장은 대만인 사업가가 써 준 신용장만으로 은행에서 무담보 대출을 받아 본격적으로 사업을 시작한다. 제조 능력이 없어 해외 바이어들과 접촉해 물량을 따낸 뒤 수주받은 곳에 납품하는 형태였다. 영업맨의 경험을 십분 활용한 사업이었다.

무일푼으로 시작한 이 회장은 22년이 흐른 지금 계열사 이텍 티디에이(주), 이텍 네트웍스(주) 등 세 회사를 합쳐 1100억 원의 매출을 올리는 히든 챔피언이 됐다. 국내 특장차 분야에선 70%의 독보적인 점유율 1위 기업이다.

　이 회장은 직장생활을 하던 30살, 창업의 기회를 준 이 대만인 사업가를 '비즈니스 파더'라고 부른다. 아버지 같은 분이라고 여기는 이 사업가와는 종종 전화통화를 하며 안부를 묻는다. 이 대만인 사업가는 지금도 자식들을 곁에서 도와주며 활동하고 있는 대만 F기업 회장이다. 이 회장은 부친의 사업을 물려받은 2세와도 이따금 연락하며 만난다.

　　" 숱한 사람들이 만나고 헤어진다. 또 만나는 그 수많은 시간과 경험을 통해 바람과 파도에 깎이는 자갈처럼 다양한 시각을 갖게 된다. 다시 한 번 자세히 들여다보면 그 안에 소중한 가치가 있다. 사람은 불완전하기에 경험으로 보충한다. 거기서 더 좋은 것들을 취하기 마련이다. 그 속에서 얻어진 힘을 경영에 접목하기도 한다. 성공과 실패의 차이가 여기에 있다. 사람과 경험을 소중히 생각하는 습관을 가지라고 말이다. "

영업은
사람을 만드는 기본

"사람과의 관계를 원만하게 쌓는 것은 부를 창출하는 지름길"

'판다'는 문제 앞에 자유로운 CEO가 있을까? 없을 것이다. 모든 지 넘치는 세상에서 영업은 필수를 넘어 생존과 직결된 문제다. 좋은 물건을 개발했는데 왜 안 팔리는지 고민하는 창업자가 많다. 당연하지 않은가. 고객은 연구소에 없다. 현장에 망신을 각오하고 고객을 만나야 한다. 즉 영업을 할 줄 아는 능력을 길러야 한다.

영업하면 많은 사람들이 어려워한다. 선천적으로 타고나야 한다고 생각한다. 직접 만나본 수많은 영업인 중 선천적으로 타고난 사람은 없다고 느낀다. 문전박대를 각오하고 영업을 시작해 경력이 쌓이며 영업을 잘하게 되는 것 같다. 창업자가 문전박대를 겁낸다면 빨리 영업사원을 채용해야 한다.

성공한 기업 CEO는 모두가 훌륭한 영업맨이기도 하다. 물건을 팔아 본 기업가가 시장의 흐름도 가장 잘 읽을 수 있는 법이다. 기업가는 당연히 소비자의 심리를 잘 알고 있어야 한다. 영업이 기초가 된 기업이 승승장구하는 이유다.

알루미늄 압출 분야 국내 최고라는 알루코의 박도봉 회장과 박석봉 부회장 역시 평생을 영업맨이라고 자부한다. 이들 형제 CEO는 기업이 성장하는 과정에서 영업으로 승부를 걸었던 기업가들이다. 박도봉 회장은 열처리 분야에서 기술을 습득해 창업하는 게 인생의 목표였다. 그는 대학 졸업 후 취업한 열처리 분야 회사에서 스펀지로 물을 흡수하듯 열처리 기술을 배워 나갔다. 눈대중이라지만 빛의 거리, 파장, 퍼짐 등 불의 상태만 봐도 어떤 금속인지 알 수 있을 정도였다.

그러던 중 새로운 기회가 다가왔다. 영업부장이 '영업해 볼 의향이 없냐?'고 제안해 온 것. 박 회장은 그러나 처음엔 망설였다. 해 본 경험도 없었다. 당시 영업이란 건 1톤 트럭을 직접 운전해 가며 새로운 영업처를 발굴하는 일이었다. 서툴렀다. 하지만 창업을 위해선 영업을 알아야겠다는 생각에 눈을 꾸욱 감고 영업 전선에 뛰어든다.

당시 영업사원들은 허름한 작업복 차림으로 무작정 트럭을 들이밀고 가서 회사 제품을 팔기 일쑤였다. 박도봉 회장은 이런 식이라면 거래처 입장에서 당황스러울 것 같았다. 그래서 하얀 셔츠에 말끔한 양복 차림으로 출근했다. 깨끗이 세차도 했다. 매일 아침 명함 30장을 다 돌릴 때까지 집에 들어가지 않았다. 사내에서는 '먹물 티 낸다', '저러다 말겠지' 하는 눈치였다.

하지만 박 회장의 전략은 먹혀들었다. 상사들도 뚫지 못하던 거래처를 하나둘 뚫기 시작했다. 박 회장은 서서히 영업의 핵심을 간파하기 시작했다. 있는 걸 무조건 팔아먹자는 게 아니라, 새로운 기술을 개발하고 잘 소개해 납품처도 잘 살고 우리도 잘살자는 것임을 알았다.

박 회장은 이후 사내에서도 승승장구했다. 이곳저곳서 영입 제의도 받았다. 심지어 아파트 한 채를 주겠다는 제안까지 하는 업체도 나타났다. 그러는 사이 박 회장은 수요 창출은 물론 회사의 시스템을 프로세스화 하는 과정을 알기 시작했다. 그 프로세스가 부를 창출하는 지름길이라는 사실을 말이다.

박 회장은 고객이 만족하고 그 만족을 영업인에게 부로 돌려줄 수 있도록 관리시스템화를 하는 과정을 알아 갔다. 그런 영업인이 바로 기업가가 될 수 있다는 사실도 나중에 알았다고 회고했다. 즉 대화, 표정, 행동, 시간관리라는 시스템을 활용해 고객을 만족시켜 부를 창출하는 기업가가 어느 정도는 돼 있던 셈이다.

박도봉 회장의 동생 박석봉 부회장·대표이사는 기업가 정신을 나타내는 영업과 혁신의 대표적인 CEO다. 그는 글로벌 금융위기 등 국내외 여건 변화로 어려움을 겪던 지난 2008년 혈혈단신 베트남에 들어가 공장을 지었다. 2011~2012년 2년 연속 적자로 고전을 면치 못하던 기업을 이듬해인 2013년 흑자로 전환시키는 데도 성공했다.

박 부회장이 베트남으로 간 건 과제 해결을 위해서였다. 당시 베트남에 진출한 국내 건설업체들에게 제품을 납품해 오던 중 발생하는 문제를 해결하기 위해 박 부회장이 직접 나선 것. 국내에서 영업을 총괄하던 그는 현지 사정을 파악한 뒤 직접 알루미늄 생산 공장을 짓는 프로젝트에 뛰어든다.

2007년 말 베트남과 알루코 사이에 현지법인을 설립하는 논의를 시작한다. 이듬해인 2008년 초 박 부회장은 본격적으로 베트남에 상주하면서 공장 설립 절차에 착수한다. 하노이에서 차로 약 35km 떨어진 흥옌시 일원 총 3만여 평 규모의 공장 부지를 확보하고, 나무 심는 것부터 돌 하나 옮기는 것까지 모두 박 부회장이 진두지휘했다. 부지가 워낙 넓어 돌아다닐 수 없는 탓에 그는 오토바이를 구입해 구석구석 살폈다.

하지만 우리와 환경이 다른 베트남에 공장을 세운다는 게 순탄치만은 않은 일. 처음 땅을 파 내려가기 시작하면서 벽에 부딪혔다. 2m 정도 파 내려가면 물이 나오고, 또 4m 정도 더 파면 갯벌 같은 토양이, 여기서 7~8m 더 파 내려가면 모래가 나오는 등 토양이 늪지대였기 때문. 바닥 기초공사인 콘크리트 타설 작업 때는 아예 잠수부를 동원해 작업을 하기도 했다.

이렇게 수년간 작업한 끝에 공장을 짓고 설립한 현지법인인 현대알루미늄비나. 현재 이곳에선 알루미늄 원자재부터 압출기 페인트 드라일, TV 프레임 등을 생산한다. 2013년부터는 공장이 전면 가동에 들어가면서 지금은 슬로바키아, 멕시코, 중국 등 수출길도 다변화하고 있다.

현재 베트남 공장에서 생산하는 제품의 80%가 LCD TV용 경량 내·외장 프레임이다. 이곳에서 생산하는 알루미늄 부품·소재들은 국내 대기업인 S사와 L사를 비롯해 일본 S사, P사, 중국 H사 등 전 세계 대부분의 글로벌 전자업체에 공급된다. 최근 터키 B사에도 수출하고 있다. 현재 베트남 공장의 연매출은 1억 달러 안팎. 박 부회장이 5~6년 간 홀로 베트남에 들어가 일군 성과다.

박 부회장은 베트남에서의 성공을 뒤로 한 채 2013년 초 국내 경영 일선에 복귀했다. 그룹 부회장이자 대표이사를 맡아 현재 계열사의 '지방 이전'을 또다시 지휘하고 있다.

그의 철학은 복잡하지 않다. 평생 영업맨이었던 그는 B2B, C2C 사이에서 약속을 잘 지켜온 것이라고 말한다.

정태희 삼진정밀 회장도 영업을 통해 사람을 알고, 관계를 터득한 CEO다. 그는 중풍으로 쓰러진 어머니를 돌보며 폐비닐을 수거해 고무대야를 만들고 폐플라스틱을 녹여 수도관 덮개를 만드는 사업을 하던 부친을 따라 쓰레기 더미를 찾아다녔던 시절이 있었다. 당시는 그에게 자괴감마저 들던 시절이다. 수면제 없이 잠조차 이루지 못하는 날들의 연속이었다.

그는 그 속에서 밸브산업의 미래를 봤다. 달랑 기술자 한 명과 함께 무작정 창업을 했다. 정 회장은 영업맨을 자처했다. 구두 밑창이 닳도록 새벽 2~3시까지 전국을 무대로 영업을 다녔다. 돈이 조금 모아지면 새 아이템을 개발해 제작한 뒤 다시 시장에 내다 팔았다. 그렇게 10여 년 간 한쪽에선 기술개발을, 다른 한쪽에선 영업에 올인하며 회사를 키웠다. 삼진정밀은 지금 국내 밸브산업에서 독보적인 1위 기업이다.

기업가는 단순히 사업을 하는 사람을 지칭하는 것은 아닐 것이다. 1800년 무렵 프랑스 경제학자 J.B 세이는 이렇게 말했다. '기업가는 경제적인 자원을 생산성과 수익성이 보다 낮은 곳으로부터 보다 높은 곳으로 이동시킨다'고 말이다. 이 경제학자가 정의한 내용이 200여 년이 지난 지금도 수긍이 가는 이유는 무얼까. 현 시스템의 프로세스를 전환해 가치를 높이는 일을 하는 사람이 기업가라고 했다. 여기다 변화란 새롭고도 다른 것을 할 수 있도록 항상 기회를 제공하는 것이다. 기업가는 변화를 추구하는 혁신가여야 한다. 가치를 높이고 이를 파는 일을 하는 영업인과 궤를 같이 한다.

정태희 회장은 의외로 혁신을 간단명료하게 정의한다. '혁신은 고객의 머릿속에 있는 미래'라고 말한다. 최고경영자부터 임원, 팀장 등 너나할 것 없이 혁신을 외치지만 이처럼 명쾌하게 정리해 주지는 못한다. 경영의 몰입은 여기서 나온다.

특히 사람 간의 관계를 중요시하는 기업가는 영업을 매우 민감하며 중요하게 생각한다. 혁신도 별반 다르지 않다. 어차피 고객의 머릿속에 있는 걸 꺼내야 하는 게 혁신 프로세스기 때문이다. 통상 그 회사의 가장 핵심 영업인은 CEO라는 말도 있다. 그만큼 그 회사를 가장 잘 이해하는 사람이 최고경영자인 셈이다.

삼진정밀의 혁신은 '변화'로 요약된다. 정 회장은 스스로 가장 두려운 것이 '우물 안 개구리'라고 말한다. 정체되지 말아야 한다. 그래야 변화에 능동적으로 대처할 수 있기 때문이다.

정 회장은 창업 초기 겪은 힘든 영업의 경험이 성격까지 바꿨다고 말한다. 학창 시절 내성적인 성격 탓에 혼자 있길 좋아했던 그다. 하지만 지금은 종종 공무원교육원 등 각종 강의를 나가면 준비 자료 없이 2시간은 거뜬히 떠든다. 그의 긍정적인 사고와 끈기도 한몫했다. 그는 이 모든 것이 전국을 누비며 했던 영업에서 배웠다고 자신 있게 말한다.

겸손은 천하를 얻는
가장 세련된 마음

"위대한 기업의 지도자들은 겸손하다"

미국 스탠포드대학 짐 콜린스 교수는 〈좋은 기업을 넘어 위대한 기업으로〉라는 스테디셀러를 썼다. 이 책은 경영서적 중 단연 톱으로 손꼽힌다. 짐 콜린스 교수는 좋은 기업을 넘어 위대한 기업으로 발전하는 요인이 무엇인지를 5년 동안 연구해 이 책을 저술했다.

그는 미국 기업들 중 위대한 기업 11개를 선정하고 그 기업이 위대한 기업으로 성장할 수 있었던 성공 요인을 두 가지로 언급했다. '강철 같은 결단력'과 '겸손한 자세'. 결단력과 겸손 두 가지가 위대한 기업으로 성장시킨 요인으로 압축했다. 그는 이 책에서 다음과 같이 말하고 있다.

"좋은 기업을 위대한 기업으로 바꾸는 데 필요한 리더십 유형을 발견하고 우리는 정말 놀랐다. 아니 충격이었다. … 헤드라인을 장식하며 명사가 된 대범한 성격을 가진 눈에 띄는 리더들에 비해 좋은 기업을 위대한 기업으로 만든 리더들은 화성에서 온 사람 같았다. 나서지 않고, 조용하고, 내성적인데다 부끄럼까지 타는 이런 리더들은 역설적이게도 개인적인 겸손함과 직업적인 의지가 융합돼 있는 이들이었다. 이들은 패튼이나 카이사르보다는 링컨과 소크라테스와 좀 더 비슷하다."

겸손과 결단력을 갖춘 리더십이 어찌 기업에서만 제일이겠는가. 직장에서도, 정치에서도, 학교에서도, 이 사회 곳곳에서 마찬가지일 것이다.

흔히 2세 경영자가 갖춰야 할 덕목으로 겸손을 꼽는다. 통상 연령에 비해 일찍 최고경영자의 위치에 오르는 2세들이 흔히 오만한 태도와 예의에 어긋나는 행동으로 입방아에 오르내리곤 한다. 그런 매너는 사내외의 사람들로부터 비판을 받게 되는 계기가 된다. 또 능력을 실제보다 평가절하 당하게 되는 명분이 된다. 괜한 적을 만들게 하고, 나아가 기업의 위기를 초래하는 단초가 되기도 한다.

정대식 금성백조주택 부사장은 창업주인 정성욱 회장의 아들이다. 정 부사장은 기업이 소재한 지역사회에서 차세대 뜨는 리더로 주목받는다. 겸손에 실력까지 갖췄다는 평을 받기 때문이다. 정 부사장은 현재 40대 중반의 나이임에도 불구, 2세 경영인 중 유독 외부에 노출되는 빈도가 낮다. 창업주인 정 회장이 여전히 활발한 경영 활동을 벌이고 있는 탓도 있다. 하지만 스스로 평범함을 자처하는 탓이 더 클 것이다.

정 부사장의 이력은 특이하다. 처음부터 창업주인 부친의 기업에 입사해 승승장구한 것도 아니다. 다른 2세들과 달리 스스로 창업이란 것도 해봤다. 그는 대학을 졸업하고 1년 어학연수를 다녀온 뒤 국내 한 대기업 건설사인 G사에 입사해 재무회계팀과 국제금융팀에서 근무했다. 곧바로 부친이 일군 기업에 입사할 법도 하지만 다른 곳에서 자생력을 기르고 싶다는 게 이유였다. 대기업에서 실무 경험을 쌓는 것도 좋겠다는 부친의 뜻도 작용했다.

그는 이후 7명이 팀을 이뤄 서울 삼성동 테헤란로에 사무실을 내고 벤처기업을 차려 독자적인 사업을 시작한다. 초고속 인터넷을 기반으로 홈오토메이션을 구현하고, 온라인을 통해 아파트 커뮤니티를 구축하는 등 인터넷으로 아파트의 모든 걸 실현하는 게 주 업무였다. 사무실에 야전침대까지 마련해 놓고 쪽잠을 자며 열정적으로 일했다. 당시 수도권의 아파트 단지를 구두가 닳도록 뛰어다녔다. 풍부한 경험을 쌓기 위해서다.

이후 정 부사장은 부친의 기업에 입사하게 된다. 하지만 핵심부서도 아니었다. 지방에 본사를 둔 기업 특성상 서울지사를 맡아보라는 부친의 주문이 이어졌다. '수도권 진출의 교두보를 마련하라'는 정 회장의 권유가 있었다. 서울지사를 만들고 수도권 개발사업을 시작했다. 수도권 택지를 확보하기 위해 땅을 보러 돌아다니며 안목도 넓혔다. 이때 정 부사장이 주도해 만든 아파트 브랜드가 지금 이 회사가 쓰고 있는 '예(藝)·미(美)·지(智)'다. 장인정신이 담긴 아름다운 예술적 가치와 지적인 기능을 고루 갖춘 집이라는 의미를 담은 아파트 브랜드는 정 부사장의 손에 의해 탄생했다. 이 브랜드는 분양하는 곳마다 대박을 터트리며 성장가도를 달린다.

하지만 정 부사장은 다시 미국으로 유학을 떠난다. 경영과 부동산에 대해 보다 체계적인 이론을 쌓고 시야를 넓히겠다는 이유에서다. 명문 코넬대에서 경영학 석사(MBA)와 부동산학 석사(MPSRE)를 취득했다. 낯선 환경에서 영어와 씨름했던 시절이라고 회상하는 정 부사장은 당시 "나이와 직위에 관계없이 자유롭게 소통하는 리더십을 배울 수 있었다"라고 말한다.

정 부사장은 2006년 경영기획실장으로 다시 경영에 참여한다. 직원들이 일하기 좋은 기업으로 만드는데 주력하기 시작했다. 좋은 인재가 모여 회사가 발전할 수 있다는 생각에서다. 이때부터 중소기업이란 인식이 강하던 회사는 정 부사장의 소통의 리더십이 통하면서 중견기업으로 성장하기 시작한다. 격의 없이 소통하는 '형님 리더십'으로 직원들의 마음을 하나로 모으기 시작했다. 그는 사내에 없던 몇 가지 시스템을 도입해 체계화했다. 우선 불규칙적이던 신입사원 채용을 정례화했다. 승진 대상 직원들이 프레젠테이션(PT)으로 자신을 소개하는 자리도 마련했다. 여직원들에게도 승진 기회를 부여했다. 평사원들과 많은 대화도 나누기 시작했다. 움직이지 않는 듯하면서도 그에겐 늘 '정중동(靜中動)'이란 말이 따라붙는다. 화려하지 않으면서도 자신을 낮추는 자세를 지켜본 주위의 평이다.

정 부사장은 대형 건설사 중심으로 운영되던 대한건설협회 채용박람회에도 참여하고 있다. 덕분에 수도권 출신 신입사원도 꾸준하게 늘고 있다. 최근 대형 건설사 출신 경력사원들도 늘어나고 있는 추세다.

아들만 셋을 둔 정 부사장은 주말에도 일을 손에 놓지 않는다. 그는 최근까지 자녀들과 캠핑 같은 야외활동을 많이 했다. 하지만 최근 들어 일과 가정을 동시에 챙기려고 서울 여의도 등에 있는 대형 쇼핑몰 등에도 자주 간다. 수도권 분양을 준비하면서는 현지 상업시설에 대해 직접 발로 뛰며 공부한다. 상황 이해와 함께 자사가 분양하는 상업시설의 조기 활성화를 위해 일부 점포도 직접 운영하기 위한 사전 준비작업인 셈이다. 그래서 그는 늘 아빠의 눈으로 잘 살펴보고 있다고 말한다.

정 부사장은 젊은 2세 경영인답게 늘 겸손한 자세로 상황을 대한다. 전세난에 따른 실수요와 저금리에 갈 곳을 잃은 투자수요가 여전히 부동산 시장에 몰리고 있는 상황에서도 조심스럽게 접근한다. 건설사들이 앞다퉈 토지 매입에 나서고 분양을 쏟아내고 있지만 금성백조는 이런 분위기에 휩쓸리지 않는다. 나만의 길을 가겠다는 것이다. 정 부사장은 경기가 호황일 때 불황에 대비하고 불황일 때 호황을 준비하는 게 50년 동안 장수한 비결이라고 강조한다. 정 부사장은 향후 금성백조의 목표를 세 가지로 꼽는다. 고객으로부터 인정받는 기업, 임직원이 일하기 좋은 기업, 사회로부터 존경받는 기업이다.

국내 대표 가정용 온열치료기 업체인 미건의료기 이재화 사장 역시 2세 경영인이다. 그는 늘 공격보다 방어가 우선이라고 말한다. 선대에서 일으킨 기업을 지키고 마무리짓는다는 자세로 경영에 임해야 한다고 입버릇처럼 말한다.

그다음으로 그가 강조하는 것이 겸손의 리더십이다. 그는 부친이 일군 것들에 누를 끼치면 안 된다는 일종의 강박관념 같은 게 뇌리 속에 자리잡고 있다고 말한다. 그래서 욕을 먹지 않으려고 노력한다. 더 겸손해지고, 이를 실천하려고 한다. 그가 20대 중반 젊은 나이에 부사장이란 직함을 달고 입사했을 때 내부의 곱지 않을 시선을 잠재운 것도 바로 겸손의 자세였다. 쑥덕거리는 직원들을 뒤로한 채 끊임없이 겸손함을 지켜 그런 시선을 자연스럽게 잠재울 수 있었다. 기업 문화도 이런 배경이 된다. 연령이 많은 노년층이 주 고객인 기업 특성상 어르신에 대한 공경이 자연스럽게 기업 문화에 배여 든 이유다.

충신은 자신을 알아주는 임금을 위해 목숨을 바친다고 했다. 자신을 알아주고 인정해주는 리더에게 직원이 최선을 다할 것은 너무나 당연한 일이다. 하지만 일부 리더의 경우 군림은 하되 겸손이 없는 것이 문제다. 스스로를 낮추고 같은 마음이 돼 대화하고자 하는 노력이 없다면 그를 위해 목숨을 바칠 충신도 없게 된다.

리더가 스스로 직원과 함께하는 겸손과 배려의 자세를 보인다면 직원은 존중과 감사의 마음을 품게 될 것이다. 모든 직원들이 적극적인 마인드와 주인정신이 있어야만 기업이 성공할 수 있다.

예컨대 도덕성이 결여된 사람이 큰돈을 벌었다고 치자. 그럼 그 사람에 대해 갑자기 높게 내려진 평가가 일정하게 유지될 수 있겠는가. 짧게 만났거나 그냥 돈 잘 번다는 소문 정도 들었던 사람들은 단기적으로 높은 평가를 내릴 수도 있다. 하지만 그 사람을 계속 만나면서 그의 단점들이 드러나게 되고, 자랑하던 높은 수입이 줄어들게 되면 냉정하게 평가절하되는 건 순식간의 일이 된다.

기업도 마찬가지다. 돈을 벌기 이전에 올바른 기업 문화가 선행돼야 할 것이다. 이를 바탕으로 성장한다면 좋은 결과를 이끌어 낼 수 있다. 기업이 올바른 문화를 만들기 위해서는 리더의 모범적인 자세가 필수불가결한 요소다.

"그러기 위해 제일 먼저 해야 할 것이 바로 리더가 변하는 일이다. 내가 관리자이니까, 리더이니까, 위에 있는 것이 아니라 그들이 있기 때문에 내가 있다는 마음을 가진다면 기업은 자연히 성공하게 될 것이다. CEO의 겸손은 기업의 명성에도 영향을 주기 때문이다. 겸손만큼 훌륭한 처세는 없다."

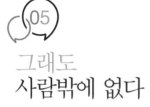

그래도
사람밖에 없다

"사람을 이롭게 하면 내가 이롭다"

경험은 만남에서 시작된다. 좋은 만남은 좋은 경험을 이루고, 좋은 만남이 있기까지에는 올바른 선택이 있었다는 사실을 간과할 수 없다.

한때 국내에서도 큰 주목을 받았던 일본 MK택시. 이 기업을 이끈 유봉식 회장은 MK의 신화를 이룬 세계적인 최고 경영자, 일본에서 성공한 한국 기업인으로 떠올랐던 인물이다. 그가 어린 나이에 일본으로 건너간 건 새로운 인생과의 만남이었고, 그가 일궈 온 결과는 일본 경제계 뿐 아니라 한 시대의 문화적 가치를 재정립하기까지의 놀랍고도 위대한 체험이자 실천이었다는 평도 쏟아졌다. 이 모든 건 역시 단순한 택시 회사가 아닌, 일의 의미를 가르쳤던 유봉식 회장의 기질적 리더십이 숨어 있다. 사람을 움직일 줄 알았던 특유의 기질을 지녔기에 가능했던 것이다.

한일은 독보적인 기술력과 생산관리를 통해 모터사이클 경기복 시장에서 세계적인 강자가 된 국내 대표적인 강소기업이다. 한일은 박은용 회장이 1974년 지방의 한 작은 하청 봉제공장으로 문을 연 뒤 30년 이상 오로지 이 모터사이클 경기복만 만들어 온 회사다.

이 세월의 노하우가 '튼튼하면서 가벼워야 한다'는 경기복의 역설을 가능케 했다. 경기복을 튼튼하게 만들려면 가죽을 두껍게 해야 한다. 그러면 무게가 늘어 속도를 내기 어렵다. 속도를 중시한다면 옷을 얇게 만들어야 하고, 그러면 안전을 장담할 수 없게 마련이다.

한일은 가벼우면서도 튼튼한 오토바이 경기복을 만드는 노하우를 축적했다. 결국 유럽 시장에서 40%, 일본 시장에서 80%의 시장점유율을 확보했다. 이 분야에서 세계에 경쟁할 기업이 없다. 그럼에도 박은용 회장은 배고프다. 최근 진출한 미국 시장이 유럽과 함께 세계 최대 시장이지만 이제 겨우 10% 남짓한 점유율을 올렸을 뿐이라고 말한다.

봉제 산업은 한국에서 사양 산업이 됐다. 하지만 고집스럽게 매달려 온 한일에겐 남의 얘기다.

한일의 경쟁력은 바로 40년 이상 된 숙련공의 손끝에서 나온다. 이 회사의 생산직 근로자들의 평균 근속연수는 15년이 넘는다. 1980년대 초반 입사해 독학으로 재단을 배운 임원도 있다. 이 임원은 기술을 가르쳐 주는 사람이 없자 직접 입어보면서 경기복을 만들었다. 당시 오토바이 경기복은 옆구리에 동그라미 모양의 구멍을 여러 개 만드는 식으로 디자인했다. 환풍을 위해서였다.

이 임원은 별, 동그라미 등 여러 가지 모양의 구멍을 직접 뚫어가며 가죽옷을 입은 채 오토바이로 도로를 달렸다. 여름날 햇살이 따가운 거리에서 가장 시원하게 느껴지는 모양의 구멍을 찾아내기 위해서였다. 그것이 한일식 연구개발이었다.

한일의 근로자들은 대를 물려가며 후배들에게 기술을 전수한다. 이 회사의 선임 숙련공 10여 명은 평균 근속기간이 20년을 넘는다. 초창기 한일의 작은 공장은 이들의 손에서 성장했다. 이들은 모두 '올라운드 플레이어(포지션이 정해지지 않은 전방위 선수)'다. 정해진 분야가 없이 재단도 하고, 영업도 하고, 배달도 한다. 한 임원은 독학으로 재단을 배운 기술직이었지만 독학으로 영어와 일본어를 깨친 뒤 영업담당 이사까지 됐다.

이들이 자랑하는 기술 가운데 '스카이빙' 기술이 있다. 이는 가죽을 얇게 깎아내는 기술을 말한다. 한일은 가죽과 가죽을 이어 붙일 때 이 기술을 사용한다. 한때 고객사였던 일본 업체로부터 배운 기술이다. 경기복의 이음매 부분은 여러 겹으로 가죽이 접히기 때문에 두께가 두껍다. 가죽 한 장의 두께는 3~4mm 정도. 4겹만 겹쳐도 1cm 이상 된다. 한일은 이 이음매를 스카이빙으로 얇게 깎아 착용감을 개선하고 공기 저항을 줄였다. 한일의 스카이빙은 4겹이 겹치는 이음매의 두께도 5mm 이하로 유지한다.

이 기술을 가르쳐 준 건 일본 회사였지만 완성은 한일에서 이뤄졌다. 한일은 일본으로부터 전수받은 스카이빙 기술을 끝까지 수작업으로 고수했다. 일본은 이를 기계에 의존해 결과적으로 '손맛'을 잃어버리는 우를 범했다. 선배의 기술을 후배가 개선시키는 한일의 노하우가 '제값 받는 제품'의 비결이다. 한때 일본의 하청업체에서 이제는 일본 시장을 손바닥 위에 놓고 주무르는 상황을 이끌어 낸 것이다.

이들 숙련공 중 이미 서너 명은 정년퇴직을 했다. 하지만 여전히 아침이면 회사로 출근해 공장 문을 두드린다. 젊음을 바친 회사를 힘이 닿는 한 조금이라도 더 돕겠다며 재고 관리, 기술 자문 등을 맡는다. 회사는 이들에게 월급을 주지 못한다. 다만 소정의 사례를 할 뿐이다. 하지만 이들은 출근을 멈추지 않는다.

한일의 평균 근속 연한은 10년 이상, 생산직은 더 길어 15년에 이른다. 한일은 지금까지 한 번도 인력 구조조정을 한 적이 없다. 이들은 이렇게 또 하나의 가족이 됐다. 박은용 회장은 혹독한 한일의 생산 관리를 지탱한건 선임 숙련공을 중심으로 한 가족적인 관계 덕분이라고 말한다.

박 사장은 바이어들과도 15~20년 이상 인연을 이어가고 있다. 이들과 오랫동안 거래할 수 있었던 건 바이어가 요구하는 품질 납기 디자인을 잘 맞춰주며 신뢰를 쌓은 탓이다. 심지어 납기가 늦어지면 주문받은 제품을 비행기로 먼저 실어 보낸다. 운송비보다 바이어와의 신뢰가 중요하다고 믿기 때문이다. 바이어와 직접 만날 때 경우에 따라서는 직접 샘플을 제작하는 경우도 있다.

직원들은 어쩌면 박은용 회장의 삶이 나에게도 꿈이 될 수 있겠다고 생각했을 수도 있다. 박은용 회장은 그 꿈에 공감한 직원들의 손을 잡아 줬다. 이들은 서로 만나 오랜 경험을 쌓았으며 서로의 가치를 존중하다가 세상에 없던 제3의 것을 만들어 냈다. 그 중심에 사람이 있다. 사람이 재산이라는 건 사람이 중심이 돼야 한다는 것이다.

한때 세계 부자 3위를 달리던 일본의 교포 손정의 소프트뱅크 회장은 일본 야후를 인수한 후 그의 주식 시가가 94%나 폭락했을 때 많은 어려움에 빠졌었다. 밥을 사 먹을 돈이 없어 1만 엔을 빌리기 위해 평소에 자주 연락하던 수많은 사람들에게 연락을 했었다. 그러나 대부분의 사람들은 매몰차게 그와의 연락을 끊었다.

이후 그는 중국 마윈의 알리바바에 투자해 마침내 재기에 성공했다. 1주일에 1조 원씩 불어나는 인터넷 플랫폼으로 자산이 엄청나게 늘어났다. 그때 그는 자신에게 마지막까지 연락을 취하면서 기다려 준 400여 명의 사람들에게 약 10억 원씩 줬다. 그러면서 그는 앞으로 이 400명 이상 더 알고 지내기를 원하지 않는다고 말한다.

> 사람으로 인해 뼈저린 인생의 쓴맛을 경험한 손정의 회장은 자기를 기다려 준 사람들에게 아마 10억 원 보다 더한 가치를 느꼈을 것이다. 인생도, 사업도 우리의 여정에서 가장 중요한 건 역시 사람이다. 늘 자기 주변의 사람들을 돌아보는 여유를 가져야 하는 이유다. 가장 손쉬우면서도 가장 잊기 쉬운 교훈이다.

06

당연함을 재정립한다면
기회가 보인다

"스스로를 끝없는 도전으로 내몰아라"

자동차를 모르는 사람도 한때 유행했던 '앗, 타이어 신발보다 싸다'라는 광고 문구를 기억할 것이다. 그 감각적인 카피의 기업이 타이어뱅크다. 이 회사의 창업자 김정규 회장은 1991년 국내 최초로 타이어 유통 전문점을 세웠다.

김 회장은 수많은 사람들이 타이어를 쳐다보기만 할 때 그 타이어 회사들과 관계된 어려움과 문제 해결을 직시했다. 문제점과 새로운 서비스, 고객들에게 유익함을 주면서 자신도 돈을 벌 수 있는 길이 있다는 걸 확신했고 그 길에 과감히 뛰어들었다. '왜 타이어가 신발보다 싸서는 안 되나'라는 고민도 결코 우연함에서 시작된 게 아니다. 어찌 보면 그 당연함을 재정립하는 고민은 유년시절부터 이어져 왔는지도 모른다.

사실 김 회장의 그 당연함은 가난에서 비롯됐다. 그는 시골의 지독히도 가난한 가정에서 5남 중 셋째로 태어났다. 어린아이가 가난에 찌들어 있는 가정에서 5남 중 셋째로 살아가기란 무척 버거운 일. 그에게 '가난'이라는 단어는 송구스러운 '죽음과 삶'이란 제목의 줄타기였다. 너무 배고프면 몽롱한 상태로 빠져든다는 걸 그때 알았다. 먹지 못해 힘이 없어 길을 걷다 쓰러진 적이 한두 번이 아니었다. 너무 어린 나이에 일찍 죽음이란 걸 알았다.

김 회장은 어려서부터 지긋지긋한 가난이 싫어 '돈 버는 것'에 최상의 가치와 목표를 뒀다. 답은 '기업'이었다. 초등학교 2학년 어린 나이에 이미 사업가의 꿈을 꿨다.

그의 사업 수완은 학창 시절에 유감없이 발휘된다. 군사정권 시절인 1980년대 중반 무렵, 당시 정부에서는 사교육 시장을 금지시켰다. 하지만 과외교습은 여전히 암적으로 존재했다. 수요가 많아 김 회장 역시 과외 아르바이트를 했다.

이때 그가 남들과 달랐던 건 대부분이 나무를 볼 때 숲을 보는 안목이었다. 과외시장 전체를 보고 과외 중개업에 도전했다. 사업을 시작하자 수요가 폭발적이었다. 2천여 건의 과외를, 한 건당 2만 원에 중개했다.

그가 한 다음 사업은 운전면허 실기강습이다. 당시 이곳저곳서 번 돈으로 중고자동차를 구입한 뒤 학교 운동장 한쪽에 운전 교습을 위한 코스를 그려 넣고 학생들을 상대로 강습을 했다. 학생들의 호응은 뜨거웠다. 18~20여만 원 정도인 운전학원 강습료와 달리 학생들에게 5만 원 정도만 받고 해 줬으니 사정이 어땠겠는가. 오죽하면 운전학원에서 강습을 그만하게 해 달라며 학교 측에 항의할 정도였다.

가정의 달이 다가올 무렵이면 시장과 역전 일원에서 카네이션을 팔아 돈을 벌기도 했다. 김 회장은 그렇게 장차 사업을 위한 돈을 마련해 갔다.

마냥 돈만 버는데 열중한 건 아니다. 그렇게 번 돈의 일부를 대학에 발전기금으로 내기도 했다. 어느 순간부터 세상을 이롭게 하겠다는 기업가 정신을 실천하고 있었다. '많은 사람을 먹여 살리는 유능한 경영자가 되자'는 김 회장만의 경영 제1원칙이 정착된다.

김 회장은 대학 졸업 3개월 만인 1991년 중반, 타이어 유통전문점인 타이어뱅크를 세웠다. 대한민국 최초의 선진국형 타이어 전문점을 창업한 것이다. 그의 나이 26살 때다.

타이어 유통업을 시작한 것도 자신의 경험에서 비롯됐다. 1989년 타이어를 교체한 후 사고 위험을 겪고 나서다. 그 시절에는 타이어 때문에 사고가 빈번했다. 그런데 전문점이 없었다. 자동차 500만 시대였는데, 한 해에 1만 5000명이 사고로 목숨을 잃었다. 이중 35%가 타이어로 인해 일어난 사고였다. 타이어가 비싸니까 한도가 지난 걸 사용했다. 품질과 규격이 안 맞는 타이어를 쓰는 운전자가 많았다. 당연한 현실에서 사업 아이템을 찾은 것이다. 지금은 타이어 사고가 전체

사고 중 5% 이내로 줄었다.

그는 먼저 가격 혁신을 꾀했다. 저렴한 가격에 공급한다는 것이다. 그래서 '공장→물류센터→지점(총판)→대리점→카센터→소비자'의 과거 복잡한 유통구조를 깨고 '공장→타이어뱅크→소비자'의 3단계로 유통과정을 대폭 축소했다. 이 과정에서 유통비용 절감으로 연간 1500억 원 이상의 소비자 부담을 줄였다. 24년간 국민에게 환원된 유통비용은 약 3조 5000억 원에 달한다고 이 회사는 말한다. 타이어뱅크는 타이어 제조사들이 운영하는 점포들보다 적게는 10%, 많게는 30% 이상 싸게 판다. 같은 타이어는 타사보다 무조건 싸게 판다는 김 회장의 철학 때문이다.

기존 타이어 제조사의 반발도 만만치 않았다. 기존 유통 가격보다 10~30% 정도 낮췄으니 어쩌면 당연한 일. 기존 독과점 형태의 타이어 유통 구조를 깨기 시작하자 일부 타이어 제조업체들이 공급 중단에 나서기도 했다.

1990년대 후반 외환위기 직후 일부 타이어 제조사들과 유통점들이 자체적으로 타이어 가격을 대폭 낮추면서 최대 위기에 봉착했다. 당시 140여 개에 이르던 타이어뱅크 체인점 중 단 한 곳도 본사에 타이어를 주문하지 않는 최악의 상황도 벌어졌다.

일부 직원들은 공정거래 위반이라는 멍에를 쓰기도 했다. 20명이던 직원을 5명으로 줄이는 고통도 겪었다. 위기에 처한 회사를 살린 건 전 직원들의 톡톡 튀는 아이디어였다.

타이어뱅크의 상징은 '타이어 신발보다 싼 곳'이라는 광고 문구와 체인점 울타리를 타이어로 높게 쌓아 올린 '타이어 홍보탑' 등은 당시 직원들이 고안해 낸 아이디어였다. 위기에서 기회를 찾은 건 직원들의 힘이 컸다. 30% 이상 매출 상승효과도 봤다.

김 회장은 나이와 직급을 파괴한 과감한 인재경영을 강조한다. 타이어뱅크는 현재 전국 365개 매장과 1500만 명의 고객을 확보하고 연매출 3000여 억 원을 기록하고 있는 국내 최대 타이어 유통 전문기업이다. 직원 1200여 명 중 상당수가 고졸이다. 학력을 파괴한 혁신경영의 결과다.

김 회장은 사람을 키워 국가와 사회에 보답한다는 '인재보국(人材報國)'을 중요한 경영철학으로 삼는다. 국가의 미래는 유능한 인재 양성에 있다는 그의 목표는 대한민국 1호 CEO고등학교를 설립하는 것이다. 과거 자동차와 잘 맞지 않는 타이어로 교체한 뒤 큰 사고를 당할 뻔했던 경험이 그의 인생을 바꾼 것이다. 전문점이 없던 현실에서 아무도 시도하지 않은 당연함으로 미래를 본 것이다.

김 회장을 사업가로 이끈 건 가난이다. 학창 시절 존경하면서도 최고의 경쟁상대로 삼은 인물이 당대 최고의 경영인이라는 칭송을 받는 고 정주영 현대그룹 명예회장이다. 나아가 박정희 전 대통령, 리콴유, 칭기즈칸 등 역사적 인물 탐구에 몰두했다. 그래서 만든 것이 '성공과 부자의 길'이라는 20가지 행동지침이다. 그는 이 행동지침으로 직원교육을 한다. 이 20가지 행동지침 안에는 기업경영의 살아 있는 교훈과 경영학 교과서의 핵심 내용이 담겨 있다. 그의 명함에 적혀 있는 지침 20가지를 소개한다.

〈성공과 부자의 길-20가지 행동지침〉

1. 꿈과 목표를 세우고 '이루어진다'는 신념을 가져라.

2. 도전과 개척정신, 그리고 자신감이 있어야 한다.

3. 꼭 메모하고 일처리 하는 습관을 가져라.

4. 일과 스트레스를 가장 친한 인생 친구로 생각하라.

5. 에너지를 끊임없이 충전하며 끊임없이 사용하라.

6. 비밀은 반드시 지키고, 약속은 꼭 지켜라.

7. 적절한 긴장을 할 때, 최대한 능력이 발휘된다는 사실을 알아라.

8. 누구의 말이든지 열심히 경청하라.

9. 열정과 좋은 습관으로 인상관리를 잘 하는 사람이 성공한다.

10. 부정적인 사람을 멀리하고, 나보다 나은 사람과 만나라.

11. 불광불급성부(不狂不及成富)의 정신을 유지하라.

12. 오천 년 가난을 깨운 박정희의 방법을 알아라.

13. 싱가포르를 일으킨 리콴유 성공법과 세계를 통일한 칭기즈칸 성공법을 알아라.

14. 팔팔한 건강유지법을 가지고 있어야 한다.

15. 돈 버는 시스템을 갖추어라.

16. 긍정적이고 적극적인 말을 하며, 언제나 보다 나은 방법을 생각하라.

17. 모든 것을 사랑하고, 사랑을 넘치게 하라.

18. 자기 몸을 성전(聖殿)처럼 돌보고, 가정을 천국같이 만들라.

19. 항상 치아를 청결히 하고, 잘 닦인 구두를 신어라.

20. 낮으로 하루 종일 허리 안 펴고 일했다고 하지 말고, 콤바인으로 넓은 논을 베고 막걸리 먹으면서 보람을 느껴라.

김 회장은 독특하게 2쪽짜리 명함을 들고 다닌다. 여기에 이 20가지 행동지침이 적혀 있다. 자신만의 '20계명'인 셈이다. 유별나거나 현실과 동떨어진 항목도 딱히 없다. 그저 현실 속에서 우리가 다 알고 실천할 수 있을 만한 항목들이다. 그런데 김 회장은 이를 늘 새롭게 정립한다. 당연함을 그만의 방법으로 재정립해 나가는 것이다. 그래서 더 많은 사람들이 잘 먹고 잘 살기를 바란다. 세상을 이롭게 하면서 국민이 좋아하는 기업을 만들겠다는 배경이다.

김 회장은 언제든 세상의 주인은 바뀌게 돼 있다고 말한다. 그 당연함 속에서 도전하고 개척하면 성공할 수 있다고 말이다. 모두가 기업가여야 하고, 모두가 도전할 때 세상의 주인은 당신 것이 된다.

김 회장의 집무실은 단출하다. 대신 여러 글귀가 적힌 종이가 빼곡하다. '목표를 써 붙여 반복해서 봐라', '가난은 최고의 죄', '도전정신을 가질 것' 등 셀 수 없는 생활지침과 경영관들을 써 붙여 놨다. 작은 것부터 큰 것까지 모두 그의 도전 항목들이다. 스스로를 끝없는 도전에 밀어 넣고, 그 속에서 고민하고 답을 찾고 사회를 발전시키겠다는 기업가가 김정규 회장이다.

07

전통을 재해석하면
새로운 것이 탄생한다

"관찰이 새로워야 결과가 달라진다"

영국의 작은 도시 벨파스트. 어느 날 조니는 삼륜 자전거를 타고 놀다가 떨어져 얼굴을 심하게 다쳤다. 당시의 모든 바퀴는 무쇠로 투박하게 만들어졌거나 나무바퀴에 무쇠를 씌운 것이었다. 그러다 보니 작은 돌멩이에 부딪히기만 해도 마구 흔들렸다. 사랑하는 아들의 상처를 보며 안전한 타이어의 필요성을 절실히 느낀 던롭이 제일 먼저 떠올린 것은 무쇠 대신 고무를 입힌 타이어였다. (중략) 축구공을 안고 있는 아들의 모습에서 던롭은 기발한 착상을 얻는다. 삼륜 자전거 고무바퀴에 공기를 넣어 탄력을 갖도록 해야겠다는 생각에 이른다. 곧 실험에 착수했다. 축구공에 씌워진 단단한 가죽처럼 고무호스 위에 두껍고 질긴 고무를 입혀봤다. 이것이 최초의 타이어다. 〈던롭타이

216

어 홈페이지〉

　이는 1888년 존 던롭이 발견한 던롭타이어의 탄생 스토리다. 아이의 상처를 본 아빠의 '불만족'과 '전통의 재해석'은 현재의 타이어, 바로 축구공처럼 공기를 넣은 고무 타이어의 탄생을 이끌었다.

　오랜 전통 방식의 제품들은 촌스럽다는 편견이 있다. 하지만 그 편견을 벗어던지고 전통 방식 위에 현대적인 디자인이라는 새로운 옷을 입은 다양한 제품들은 소비자들의 눈길을 끈다. 오랜 노하우가 함축돼 기능적인 건 물론 트렌디한 디자인으로 사랑받으며 성장하는 기업도 많다.

　'전통의 재해석'과 '불만족'이 만든 브랜드 스토리는 유독 패션 분야에 많다. 우리나라 헤어 시장의 개척자이자 선두주자인 시크릿우먼 김영휘 대표 역시 그렇게 창업을 시작했다. 김 대표는 한국이 원래 가발 생산 종주국이라고 말한다.

　김 대표는 가발과 헤어웨어는 태생부터 다르다고 봤다. 헤어웨어는 가채에서 유래했다. 조선시대에도 가발과 가채는 그 쓰임새가 달랐다. 하지만 많은 사람이 가발과 헤어웨어의 차이점에 대해 잘 모른다. 가발은 탈모나 빈모를 보강해 주는 기능의 슬림 컨셉 '필요 시장'이라면 헤어웨어는 복층의 가채와 같은 볼륨핏으로 헤어패션을 위한 '욕망의 시장'인 셈이다. 이 때문에 헤어웨어는 두상성형 기능의 공간이 웨어러블 디바이스 플랫폼으로 진화, 바로 스마트 헤어웨어 시대를 가능하게 하는 것으로 미래 패션이 될 가능성의 패션으로 본 것이다.

기존에 탈모나 빈모를 호소하는 사람들이 주로 가발을 썼다. 하지만 최근 들어 빈모를 부분적으로 가리고 전체적인 패션을 완성하는 헤어웨어가 여성들 사이에서 인기다. 가발을 '착용'한다는 표현에서 벗어나 헤어를 '입는다'는 새로운 표현을 활용해 헤어웨어 시장은 하나의 패션 산업으로 자리매김하고 있다.

김 대표는 대학에서 철학과 교육학을 전공했다. 결혼 후에는 자신의 의지와 관계없이 전업주부로 지내야 했다. 그러다 자신이 젊었던 시절 품었던 꿈을 스스로에게 묻기 시작했다. 결국 38살에 창업전선에 뛰어들었다. 자본, 인맥, 경영능력 등이 갖춰지지 않은 상황에서 창업은 쉽지 않았다. 주위에선 여성이라는 편견의 잣대를 들이대며 사업을 만류하기도 했다. 하지만 나다운 삶을 살고자 하는 욕망이 더 컸다. 40대가 되기 전에 재도전해 보자는 결심이 섰다.

그가 사양산업인 가발산업에서 헤어웨어라는 창의적 아이디어를 결합하게 된 계기는 무얼까. 혁신과 도전정신으로 설명하기엔 부족해 보인다. 그만의 집요함과 열정, 근본적으로 사색하고 통찰하는 자신만의 사고체계가 자신을 이끌었다고 말한다.

김 대표가 헤어웨어 시장에 뛰어든 것은 남다른 그만의 독특한 관점에서 출발한다. 그는 여성 CEO다. 그는 여성과 남성이 다른 점이 무엇인가, 어떻게 사는 게 아름다운 삶인가 등을 끊임없이 고민했다. 첫째, 둘째 아이가 초등학교만 들어가면 반드시 뭔가 일을 하겠다는 막연한 꿈도 꿨다.

김 대표의 사색이 시작됐다. 여성은 모성본능과 함께 아름다움을 추구하는 본능이 있다. 남성은 경쟁 세계에서 살아남으려는 욕망이 있다. 특히 인간이 가진 욕망 중 '영생'이라는 욕망이 가장 크고, 그다음 부, 명예, 권력 등의 욕망을 추구한다. 이 모든 끝없는 욕망의 이면에는 바로 시선을 끌고 싶어 하는 본질적인 욕망, 즉 '시선 권력'이 작용하고 있기 때문이라고 김 대표는 봤다. 내가 보는 것에서 나아가 보여지는 것. 김 대표는 여기서 사업 아이디어를 찾아냈다. 시선권력에서 미래 성장 동력을 본 것이다.

"나는 주부고, 여성이다. 여성들은 아름다움을 추구하려는 속성과 욕망을 가지고 있다. 역시 이 모든 욕망의 근원에는 남들에게 잘 보이고 싶은 욕망이 자리 잡고 있다. 바로 '시선 권력'이다. 나는 헤어에 관심이 많으니 가발에서 나아가 헤어에 웨어를 입혀보자."

여기까지 생각이 미치자 가차 없이 사업에 뛰어들었다. 처음에는 정수리 부분을 커버하는 '뽕머리' 가발부터 시작했다. 그리고 한때 '깻잎머리'의 헤어스타일이 유행할 때 이를 바로 아이템화 해 제품으로 만들었다.

소비자들의 반응은 뜨거웠다. 브랜드도 확장해 갔다. 관자놀이 부분을 살려보려니 부분 가발이 있으면 좋겠다고 판단했다. 그래서 부분가발을 만들었다. 부분가발은 헤어 전체를 커버하는 통가발로 확장됐다. 정수리 부분을 살리기 위한 '뽕 머리' 가발에서 시작한 헤어웨어는 헤어 전체로 확대됐다. 두상도 실루엣이 살아야 한다는 김 대표의 통찰력이 먹혀든 것이다.

홈쇼핑과 백화점에 제품을 들고 찾아갔다. 처음에 대형 유통업체들은 제품을 받아주지 않았다. 행사를 통해 폭발적인 인기가 있다는 걸 직접 보여주고 나서야 대형 유통망에서 판매할 수 있었다. 10년이 지난 지금 패션 가발의 진원지는 시크릿우먼이 됐다.

김영휴 대표는 이 사업을 시작하기 전부터 헤어도 옷처럼 갈아입는 시대가 올 것으로 예상했다. 이는 줄어든 머리숱으로 세련된 패션 스타일을 연출하기 힘들기 때문이라고 봤다. 가발은 빈모를 보충해 줄 뿐이나, 시크릿우먼의 헤어웨어는 누군가를 새롭고 스타일리시하도록 메이크업해 주는 제품도 있어야겠다는 생각에서 개발하게 된 것이다.

여성들은 이 제품을 통해 행복해 했다. 헤어스타일에 대한 갈증을 느끼던 여성들에게 헤어웨어는 마약 같이 한 번 입으면 빠져들 수밖에 없는 아이템이 됐다. 가채에서 시작한 전통적 자산이 현대의 모든 여성에게 잘 어울리는 보편적인 '7인치의 미학'으로 재탄생했다.

김 대표의 사업은 어느 날 벼락같이 성공을 거둔 게 아니다. 좋아서 시작했고, 경험과 통찰력을 통해 머리숱을 부분적으로 보완해 주는 헤어웨어 시장에서 성공을 거뒀다. 여기다 가발이라는 전통적 자산을 현대적으로 재해석해 발전시키는 탁월한 경영능력을 발휘했다.

그는 제법 자리를 잡은 지금도 여전히 자신을 '맨땅에 헤딩을 한 경우'라고 표현한다. 혹자들이 무모할 정도로 모르는 상태에서 사업을 시작했다. 하지만 모른다는 사실을 알면 하나씩 배우면 된다고 생각했다. 초등학생 같은 마음으로 하나씩 배우기 시작했다. 그는 조언을 구할 사람들을 찾아다니며 '그다음은요, 그다음은요'를 끊임없이 반복하고 듣고 실행했다.

그는 '무지의 역설'도 강조한다. 처음부터 모든 걸 다 알고 하면 잘할 것 같지만 아니라는 것. 오히려 모르고 하는 것이 사전 준비와 리서치를 철저하게 하면서 신중하게 사업을 펼칠 수도 있기 때문이라는 것이다. 무엇보다 여성인 본인에게도 필요한 제품이어서 개발에 몰두할 수 있었다.

그는 전통의 재해석마저 진정성 때문에 성공할 수 있었다고 말한다. 솔직하고 투명한 것만이 최우선이 돼야 한다고 강조한다. 시크릿우먼의 〈10가지 행동강령〉을 보면 김 대표의 철학을 잘 느낄 수 있다.

1. 솔직 투명함이 최우선 되어야 한다.

2. 관찰이 새로워야 결과가 달라진다.

3. 경청은 자기혁신의 방향과 속도를 결정한다.

4. 간절함에서 비롯된 치밀한 사전 계획이 생존의 필요조건이다.

5. 시작한 것은 끝을 보고 마는 중요도 순으로의 집요함이 성장의 충분한 조건이다.

6. 상대를 유익하게 해야 내가 유익해진다.

7. 상식이 통하는 기업문화 나로부터 만들자.

8. 권리와 의무는 함께 커진다.

9. 내가 가장 아름다웠던 그 스타일을 고객에게 권하라.

10. 하루가 한 달과 1년의 표본단위이다.

한국이 가발 생산 종주국이라고 강조하는 김 대표는 이제는 한국의 가발 산업도 패션 산업으로 재도약해야 한다고 말한다. 스위스의 시계 산업이 전자시계의 인기로 쇠락했다가 패션산업으로 인해 다시 국가 대표 산업이 된 사례처럼 말이다. 그래서 '헤어웨어는 메이드 인 코리아가 최고야'라며 한국에 헤어웨어 제품을 쇼핑하러 올 날이 멀지 않았다고 생각한다.

그는 특히 멀지 않은 미래에 바이오·뇌공학이나 정보통신기술과 융합을 하게 된다면 헤어웨어 산업이 가장 핫한 패션산업이 될 수 있을 것이라고 본다. 김 대표는 그래서 헤어웨어 산업은 미래에 인간을 유익하게 하는 가장 아름다운 제품이 될 것이라고 희망을 갖고 있다.

혁신은 고객의 머릿속에 있는
미래

....
....
....

"남을 통해서가 아닌 자신의 꿈을 갖고 사소한 일에 집중하라"

앞서 IT기업 애플의 창업가 스티브 잡스가 스탠포드대학교 졸업식에서 한 연설로 미국의 젊은 직장인들이 한때 회사를 떠나는 일까지 발생한 일화를 소개했다.

"stay hungry stay foolish(계속 갈망하고 우직하게 나아가라)"

최고의 대학을 졸업하는 학생들에게 계속 바보짓을 하라는 건 자신이 좋아하는 일에 계속 열중하라는 의미일 것이다. 다른 사람이 바보라고 할 때까지 갈구하라는 것. 명문대 졸업에 멈추지 말고 더 노력하고 열정을 갖고 삶을 살아가라는 뜻으로 해석하고 싶다.

그렇다면 창업가나 기업가들에게는 무엇이 필요한가? 기업가 정신이다. 기업가 정신은 기업의 규모나 연혁과는 관계없는, 어떤 종류의 활동을 의미한다. 이런 활동의 핵심을 이루는 것이 바로 혁신이다. 묵은 관습을 바꾸는 혁신과 창조는 기업가는 물론 최근 사회 전반적으로 요구되고 있다.

하지만 말처럼 쉽지 않은 게 혁신이다. 뜻이 아무리 확고해도 사람은 시간이 지나면서 조금씩 흐트러진다. 사업도 일도 마찬가지다. 그것을 바로 잡는 것이 혁신이다. 새로 고치는 것이다.

김정규 타이어뱅크 회장은 자기 최면을 건다. 그가 명함에 새겨 넣고 늘 외우고 다니는 〈성공과 부자의 길〉 20가지 항목 중에는 이런 표현이 있다.

'불광불급성부(不狂不及成富)'.

미치지 않으면 미치지 못하며, 정말로 미쳐야 성공할 수 있다는 것이다. 스티브 잡스와 표현만 다를 뿐, 자기체면을 통해 꾸준히 혁신해 나가는 삶을 강조한다.

더욱이 김 회장은 가난한 사람은 가난한 이유가 있고, 성공하는 사람은 성공하는 이유가 있다고 말한다. 그가 명함에 새겨 넣고 다니는 삶의 철학 20가지 중 1가지를 실천하는 사람은 노숙자로 살아가고, 10가지를 실천하는 사람은 반 성공과 반 부자로 살아가며, 15가지 이상을 실천하는 사람은 하버드대 2번 다닌 것 보다 낫고, 모두 실천하는 사람은 꼭 성공하고 큰 부자가 될 수 있다는 게 그의 지론이다.

그래서 김 회장은 〈성공과 부자의 길〉을 적어 더 많은 사람들이 성공하고 부자가 되고, 부자 나라가 되길 바란다. 그의 성공 20계명을 적은 명함 역시 많은 사람들에게 신선한 충격을 주기에 충분히 주목받을 만하다.

김 회장은 여기다 〈대한민국이 부자 되는 길〉 4가지도 늘 강조한다.

1. 유능한 지도자를 만나는 것
2. 유능한 CEO를 대량 육성하는 것
3. 많은 사람들이 성공과 부자의 길에 도전하도록 하는 것
4. 세계 규모의 프로젝트 수행 및 개척 능력을 보유하는 것

개인뿐만 아니라 기업, 나아가 국가의 혁신을 이처럼 일목요연하게 정리해 주지는 못할 것 같다. 그는 확신과 자신감을 가지고 자신에게 주어진 일을 하루하루 충실하게 해 나가는 것이 성공의 길이라고 말한다. 이런 삶의 철학과 정책을 통해 '1000년을 잘 살게 하기 위한 준비'를 하자는 것이 김정규 회장의 삶과 경영의 메시지다.

사실 혁신을 어렵게 생각하는 것도 다른 사고, 다른 관점을 용납하지 않는 교육의 문제일 수도 있다는 나름 독특한 시각을 갖고 있는 CEO도 있다. 김영휴 시크릿우먼 대표는 이런 점에서 남과 다른 자녀 양육 철학을 갖고 있는 여성 기업인이다. 그의 독특한 자녀교육법에는 아주 깊은 철학적 의식이 자리잡고 있다. 기업에서, 정부에서, 말로만 혁신을 외칠 게 아니라고 말한다. 이려서부터 가정에서 아이들

스스로가 혁신과 변화의 노력을 할 수 있도록 교육을 시켜야 한다는 김 대표만의 시각이다.

우리나라 헤어 시장의 개척자이자 선두주자인 시크릿우먼 김영휴 대표는 자녀들이 초등학생일 때 감기에 걸리거나 아프면 아이 혼자 병원에 가도록 했다. 필요한 물건을 사러 가거나 체험학습 현장에 갈 때도 그랬다. 학교에서 아이들이 혼자하기 부담스러운 숙제를 낼 때도 스스로 해결하도록 했다. 아이가 학교에 가져갈 교재나 과제물을 집에 놓고 등교했을 때도 아이의 교실까지 찾아가 직접 전해 준 적이 단 한 번도 없을 정도다. 학교 교문 문고리에 걸어 놓고 돌아서기 일쑤였다. 거기까지가 자신이 해 줄 수 있는 끝이라고 생각했다. 오죽하면 담임교사가 아이에게 "진짜 친엄마(?)가 맞느냐"는 황당한 질문을 할 정도였을까. '헬리콥터 맘'이라는 표현까지 등장하는 요즘 세상이고 보면 참으로 냉정하지 않고는 할 수 없는 엄마의 행동으로 받아들여질 것이다. 김 대표는 아이 스스로 문제를 해결하길 바란 것이다.

김 대표는 사업을 시작하기 전에 전업주부로 살면서 절대 곁에서 직접 나서서 자녀들의 문제를 해결해 주지 않았다. 김 대표가 기자와 만났을 때 역시 현 공교육 시스템에 대해 강하게 성토했던 기억이 난다. 아이들 스스로가 아닌, 엄마들이 곁에서 도와주거나 아예 엄마들이 해야 할 만큼 난해하고 어려운 과제를 내고 있는 것이 현 학교 교육의 문제라는 것이었다. 창조와 혁신을 스스로 깨우치게 만드는 게 아니라, 외우게 시키는 공교육이 문제라는 것이다. 이런 아이들이 커서 혁신이나 자기주도적 변화를 꾀하기란 어렵다는 것이 김 대표의 지론이다.

　김 대표는 남들이 같은 길을 쫓아갈 때, 늘 반대의 상황을 보려고 노력했다. 무엇이든 처음에는 힘들어도 습관이 들면 괜찮을 것이라고 봤고, 실제 그게 먹혔다. 김 대표의 자녀들이 유학을 갈 때도 자기가 가고 싶어 하는 외국의 대학과 학과를 스스로 선택하도록 했다. 어린 마음의 한구석에 엄마에 대한 서운함이 있었던 자녀들. 이제는 성년이 된 그 자녀들이 요즘 엄마를 보면 자신들을 '리틀 김영휴'라고 표현한다고 한다. 그만큼 엄마의 존재를 존경해 마지않는다. 자기 스스로 모든 문제를 해결할 수 있도록 만들어 준 엄마의 분신 같은 사람이 된 데에 대한 존경과 사랑이 느껴지는 부분이다.

　김영휴 대표는 기업 경영에서도 이 같은 소신을 굽히지 않는다. 혁신의 시작을 '나'로부터 찾는다. 나부터 상식이 통하는 기업문화를 만들자는 소신을 갖고 있다. 그리고 이유를 어디에서 찾든 다른 관점에서 사물을 보는 노력을 하려고 한다. 그래서 늘 새로운 관찰을 강조한다. 그래야 새로운 결과물이 나온다.

　김영휴 대표는 전업주부로 살면서도 자녀들에게 희생당하지 않는 엄마로서, 자기 삶의 주인공으로서 당당히 살고 싶어 했다. 그런 꿈은 결국 그의 혁신과 도전정신으로 뭉쳐져 사양 산업으로 인식돼 온 가발 산업에다 헤어웨어라는 창의적 아이디어를 결합해 성공한 여성 CEO가 됐다.

작더라도 시스템을
계속 고민해야 한다

"낫으로 일 하지 말고, 콤바인으로 넓은 논 베라"

주위의 많은 사람들이 열심히 일하는 데 성공하는 사람들은 적다. 열심히 하는 것이 중요한 게 아니라 제대로 잘 열심히 해야 한다는 것을 방증한다. 많은 사람들은 하루 종일 열심히 뛰며 노력하는데 성과가 오르지 않고 1%의 성공에 들어가는 게 어렵다고 말한다.

반면 어떤 사람은 노는 것 같으면서도 빠른 성취를 맛보고 성공의 반열에 오르기도 하는 경우를 간혹 접한다. 물론 사람들은 타고난 머리, 뒷배경 등이 있기에 가능할 것이라고 생각한다. 물론 그런 사람도 있지만 이는 소수에 불과하다.

성공한 사람이나 기업을 보면 열심히 무언가 주변의 환경에 맞는 시스템을 개발하고 찾아내 이를 자기 것으로 소화해 낸다는 사실이다. 마찬가지로 지속적으로 성공하는 기업들을 보면 공통점이 있다. 바로 하루하루 시스템화 돼 있다는 점이다. 그날 일어날 일들에 대해 우선순위를 정하고 가상적인 시나리오를 그려본다. 그에 맞는 여러 가지 준비도 한다.

43세에 창업한 (주)위드텍 유승교 대표는 시스템을 기업 안정화의 중요한 가치로 두는 CEO다. 그는 2008년 글로벌 금융위기의 파고가 불어닥쳐 9개월 간 수입이 전무하다시피 했던 시절에도 다시 경기가 좋아질 것을 대비해 연구개발 교육에 투자했다. 지방의 중소기업 여건상 전문성을 갖춘 사람을 뽑기 어려워 지속적인 직원 재교육이 매우 중요하다고 봤기 때문이다.

그도 그럴 것이 이 회사는 지속적으로 배우지 않고는 뒤처질 수밖에 없는 시장에서 경쟁한다. 유 대표는 초정밀 고감도 측정기술을 바탕으로 2003년 위드텍을 창업했다. 이 회사는 반도체 제조공정 관련 환경 측정 장비 제조를 전문으로 취급한다.

이 회사는 반도체 공정에서 발생하는 극미량의 가스를 100% 감시하고 측정할 수 있는 장비를 국산화했다. S전자를 비롯해 또 다른 S사, L사 등 국내 굴지의 대기업들이 이 회사의 장비를 사용하고 있다.

미세먼지와 가스는 반도체 제조공정에서 불량률을 높이는 치명적 요소다. 반도체 및 디스플레이 제조라인에서 작업자들이 방진복을 입고 에어샤워를 거쳐야 하는 것도 이 때문이다. 그래서 이런 기업들에는 이를 신속 정확하게 측정하고 처리하는 과정이 필수다.

이 같은 문제를 해결할 수 있는 위드텍의 장비는 대기업들의 구매 욕구를 자극했다. 불량률을 최소화하면서 전자·반도체 공정 작업자들의 건강 문제까지 해결할 수 있게 되면서다.

위드텍이 내놓은 첫 제품은 유독가스 및 화학물질의 오염도를 측정하는 산성·염기성 가스모니터링 장치다. 나노 크기의 미세 오염물질을 정밀 측정할 수 있는 제품이다. 이 고감도 산성가스 모니터링 장치는 전자·반도체 제조공정에서 발생하는 7종의 산성가스를 동시에 0.1ppbv 수준으로 모니터링 한다. 또 반도체 미세 가공공정에서 공기 중 암모니아 농도를 0.1ppbv 이하 수준으로 모니터링 하는 고성능 염기성 가스 모니터링 장치를 비롯해 대기 중 유기성 오염물질과 오존을 실시간 측정하는 OMS 시리즈 등 다양하게 개발된 장비로 반도체 공정에서 요구되는 토털 솔루션을 제공한다.

그런데 이 회사가 재교육에 목숨을 거는 이유가 있다. 반도체 제조공정 관련 환경 측정 장비를 전문으로 취급하다 보니 시장에서 기술의 변화가 빠르게 진행되는 속성이 있다. 장비를 국산화하고, 새 장비 개발에 올인 하고, 생산한 장비를 서비스하기 위해서는 끊임없는 교육이 필요한 것. 급변하는 기술 발전을 따라가기 위한 처방이 바로 사내 시스템화 한 직원 재교육에 대한 투자라고 유 대표는 봤다.

위드텍은 평사원부터 최고경영자까지 인재 양성을 기치로 매주 교육을 실시한다. 강의식 과정부터 창조적 혁신 솔루션을 제공하는 프로그램까지 다양하다. 유 대표는 이를 '금요일의 교육'이라 부른다. 이를 시스템화하기 시작한 건 8년 전부터다. 매주 금요일 점심시간

이후 전 직원이 교육에 참여한다. 전문가들을 초청해 강의를 듣거나 자체적으로 하는 교육을 진행한다.

유 대표는 이런 직원 재교육을 일종의 '사내대학'으로 키울 계획이다. 그는 지금도 교육을 실시한 뒤 일정한 시험을 치르고 산출되는 점수를 인사고과에 반영한다. 회사 성장의 전제조건은 직원 개인의 역량을 키워야 가능하다는 그의 철학 때문이다.

유 대표는 회사명에도 이 같은 '인재 중심' 경영철학을 담아냈다. 위드텍(WITHTECH)은 '기술과 함께(With Technology)', '인재와 함께(With Human)', '사회와 함께(With Society)'란 의미를 함축한 것이다. '기술·인간·사회'와 '함께'를 조합해 만들었듯이 인재와 기술 및 사회와 함께하는 기업을 표방한다는 것을 볼 수 있다.

위드텍은 현재 S사, L사 등 국내 대기업의 협력업체로 잇따라 등록되면서 성장가도를 달리고 있다. 이런 성장의 기술적 근간에는 국내 기업 중 유일하게 대기와 수질을 ppb(10억 분의 1) 수준까지 측정할 수 있는 원천기술을 보유하고 있다는 데 있다. 물론 지속 성장을 꾀할 수 있는 것도 전 직원에 대한 교육을 정착시킨 데서 찾아볼 수 있다. 현재 국내서는 경쟁 업체가 드문 데다 이제는 해외 기업들과 진검 승부를 펼치려 하고 있다.

가끔 이런 의문을 갖는다. 공사장에서 작업하는 인부들이 만약 삽 없이 손으로 땅을 판다고 생각해 보라. 아마 작은 동산 하나 옮기는데도 몇 달이 걸릴 것이다. 그런데 어떤 사람이 삽을 들고 나왔다면 그 시간이 10분의 1로 단축될 것이다. 좀 더 아이디어를 내서 과학적이고 체계적인 방법을 동원해 포클레인을 개발했다면 사람의 손으로 3개월 걸릴 일을 한두 시간 만에 말끔히 정리할 것이다.

손으로 열심히 옮기려고 하는 사람이 우리가 일반적으로 생각하는 열심히 살려고 하는 사람들의 자화상일지도 모른다. 우리가 열심히 뛰면서 그 안에서 삽을 들었는지 포클레인을 동원해 작업을 하는지에 따라 그 성과가 엄청나게 다를 것이다. 우리 스스로는 인생을 열심히 사는 것이 당연히 중요하다. 하지만 이 보다 더 중요한 사실은 제대로 잘 열심히 살아야 한다는 것이다. 성공을 시스템화 해야 한다는 것을 말하는 것이다.

주위에선 흔히 수억 원에서 수십억 원의 고액 연봉을 받는 자산 컨설턴트나 보험설계사들을 심심찮게 들을 수 있다. 이들이 하루하루 단순히 쳇바퀴 돌아가듯 평범한 삶을 살았다면 가능했을까. 지속적으로 성공하는 설계사나 컨설턴트 등을 보면 공통점이 보인다. 이들은 하루하루 시스템화 돼 있다. 이들은 우선 아침에 일찍 출근해 하루를 계획한다. 그날 일어날 일들에 대해 우선순위를 정하고 가상 시나리오를 그려보고 그에 맞는 대응 및 준비를 한다. 그리고 중요도에 따라 집중적으로 일을 한다. 약속이 취소됐을 때를 대비해 짬을 내 읽을 책 한 권 정도는 기본으로 들고 다닌다. 낮 시간에는 최소한 정해 놓은 서너 명 이상의 고객을 만난다. 그리고 고객들의 요구를 파악한다. 고객과의 대화를 즐긴다. 저녁에는 당연히 그날 상담을 정리하고, 필요한 대안도 준비한다. 새로운 아이디어도 짜 본다. 이 모든 일정이 쉬울 듯하면서도 실천하기 만만치 않다. 성공한 사람들은 종종 남과 다른 생각과 다른 행동을 하라고 조언한다. 그런데 이게 말처럼 쉽지 않은 것도 현실이다. 결국 매일 준비하고 행동하고 반성하는 습관을 갖는 것 이상의 지름길은 없다.

널리 알려진 1만 시간의 법칙이 있다. 역시 같은 일을 1만 시간 꾸준히 하다 보면 어느새 성공이 그대 앞에 와 있다는 걸 보여주는 평범함 속 진리를 말하는 것이다. 단순하고 명쾌하게 자신의 삶을 정리해 볼 필요가 있다. 쳇바퀴라 하지만, 그 속엔 뭔가 빠져 있는 것들이 많을 때 아쉬움이 밀려온다. 하지만 똑같은 일이라도 삽보다 포클레인으로, 낫보다 콤바인으로 꾸준히 일해 보라. '습관'이란 상자 안에는 언제나 '성공'이란 단어가 잘 포장돼 들어 있다. 이를 어떻게 꺼내느냐는 자신의 몫이다.

사람들은 현재에 안주해서 절대 큰 결과나 성공을 가져올 수 없다는 사실에 대해서는 잘 안다. 하지만 성공을 위해 어떻게 노를 저어 나아갈지 미시적으로 접근하려면 막막해진다고 말한다. 개인이든 기업에게든 새로운 시스템이란 그동안 시도해보지 않은 일을 의미할 것이다. 하루하루를 미래를 위해 설계하고 만들어 가려면 시스템을 제대로 이해해야 한다. 그렇게 어떤 시스템을 만들었다면 본인부터 솔선수범으로 해야 한다. 당신이 해야 주위에서도 따라 한다. 하라고 지시하기만 해서는 절대 개인의 참여나 직원들의 동참을 이끌어 낼 수 없다. 아무리 좋은 시스템이라도 그것을 믿고 그대로 따라 해 줄 사람이 없다면 그 시스템은 100% 실패할 것이다. 자기 스스로를 믿지 못하는데, 무슨 성공을 바라겠는가.

"정말로 사업에서 성공하고 싶고 자유롭고 싶다면 자신의 성공 습관을 만들 수 있는 경지까지 끌어올리기 바란다. 개인 또는 기업이 추구하는 핵심 가치가 무언지, 어디에 역량을 쏟아야 할지 말이다. 그래야 자신을 지킬 수 있고 주변도 지킬 수 있을 것이다."

감성과 도전의
정반합

"자신을 통제할 줄 아는 사람이 진짜 훌륭한 감성 리더"

감성은 늘 우리 가슴 속에 가득하다. 어제까지 지겨운 일상이었던 코스가 오늘부터는 지나갈 때마다 감회에 젖게 되는 길로 변모한다. 감성은 그런 것이다. 세상은 변하지 않는다. 다만 내가 변하고 내 마음이 변하면 감성은 저절로 채워진다.

하지만 우리는 그 감성을 잊고 지낼 때가 많다. 사실 감성은 찾아 헤맨다고 찾아지는 것이 아니다. 억지로 꼭꼭 채워 넣거나 텅 빈 마음에 퍼 담는 것도 아니다. 감성은 처음부터 내 안에 있다.

세계적 산업디자이너 업체인 I 디자인 K 회장은 소비자들이 생산자가 만들어내는 상품을 사서 써야만 했던 생산자 위주의 산업시대는 끝났다고 말한다. 변화하는 소비자의 기대치에 생산자들이 맞춰야 하는 시대인 소비자 감성시대가 왔기 때문이라고 그는 강조한다. 그래서 여기에 걸맞은 새로운 인재상과 기업가 정신이 필요하다는 것이다.

감성은 이성과 대비되는 표현이다. 저 끝에 이성이 있다면 그 반대편에 감성이 있다. 감성 경영, 감성 리더십이라는 말이 실천하기 쉽지 않은 것도 이 때문이다. 목표를 전제로 두고 감성을 행하거나 일시적인 효과를 노린 감성경영이 효과를 보지 못하는 것도 이런 이유 때문이다.

경영 일선에서 늘 새로운 도전과 경쟁 구도 속에 살아가는 기업가들에게 감성 충전은 중요하다. 우리는 사소한 것에 감동하고, 작은 것에 큰 의미를 부여한다. 별것 아닌 친절에 마음이 따뜻해진다. CEO가 이런 감성을 발휘한다면 그 구성원들과 그 기업의 소비자들은 어떻겠는가. 다른 이의 감성에 답하면 감성의 크기도 더욱 커진다. 그 감성이 나눔 경영, 베푸는 경영과도 통한다고 믿는 CEO들도 있다.

국내 특수장비 차량의 70%를 점유하며 독보적인 위치에 오른 이텍산업의 창업가인 이두식 회장도 나누면 감성이 커진다고 생각하는 소유자다. 그의 성공 밑바탕에는 감성경영과 도전정신이 배어 있다. 그는 감각 또는 감성적으로 느끼는 대로 일을 추진하는 경향이 많다. 그런데 틀린 적이 거의 없다. 추상화의 추진력, 이를 경영에 접목한 감성이 현재의 기업을 이끌었다는 것이다.

그는 대학 재학 시절부터 사업에 대한 열망이 컸다. 당시엔 사업할 방법도 몰랐고, 계기도 없었다. 그럼에도 그가 사업을 할 수 있었던 건 '감성 DNA'가 풍만했기에 가능했다고 말한다. 20대 후반부터 해외 출장을 다닐 때마다 '내가 사업을 하면 어떤 식으로 할 것'이라는 감성적이며 뚜렷한 경영의 자세를 남보다 일찍 깨달았다.

수많은 해외 출장 경험을 토대로 공장 건물 하나 짓는데도 미적 감각을 추구한다. 2016년 초 본사와 공장을 지방의 대도시에서 소도시로 이전할 때도 그는 공장 내부의 인테리어에 각별히 신경을 썼다. 타일 하나 벽지 하나까지 꼼꼼히 챙겼다. 고객을 기쁘게 할 직원들이 근무하는 건물이기 때문이라는 게 그의 지론이다.

흔히 공장이라면 칙칙한 건물을 떠올리기 마련이다. 하지만 이탈리아 등지를 가보면 30~50년 된 스토리와 역사가 있는 공장들이 많다. 해외 바이어들이나 고객들이 공장을 견학할 때도 무언가 스토리를 전해줄 수 있을 것이란 게 이두식 회장의 생각이다.

이두식 회장은 K회장의 말을 빌리면 '퍼플(Pupple) 칼라'인 셈이다. 기존 산업시대의 인재상인 화이트칼라, 블루칼라를 뛰어넘는 기업인 말이다. 퍼플 피플, 퍼플 칼라가 새로운 소비자 감성시대의 주역이 될 것이란 전망도 있다. 퍼플 피플은 자기 삶의 주인공으로 열정과 자유를 추구하며 기존 방식을 벗어나 창조적 행위에 몰입하는 사람들을 말한다. 기업가가 이런 퍼플 피플을 사로잡으려면 감성 충만한 경영을 하지 않으면 안 되는 이유다.

이두식 회장도 마찬가지다. 그는 일을 즐기며 일을 통해 다른 사람을 기쁘게 하고 싶은 꿈을 가진 CEO다. 일을 즐기고 모든 열정을 다 쏟아 붓는다. 이두식 회장은 청년 창업가들에게 감성과 도전에 충실하라고 말한다.

사실 기업 경영의 주된 판단 근거는 이성적인 행동이다. 냉정하고 치밀한 계산이 따르는 것이 비즈니스의 세계다. 비즈니스는 실적과 목표가 지향점이다. 그런데 감성의 지향점은 신뢰다. 감성의 수단이 사랑과 믿음, 배려, 관심 등이라면 이성의 수단은 합리적 판단(기준), 원칙, 시스템화 된 조직 등이다.

감성을 키우려면 자기 투자도 필요하다. 때론 이성보다 감성에 맡겨볼 필요가 있다는 것이다. 꼭 고급 레스토랑을 가거나 브로드웨이 뮤지컬을 봐야만 느낄 수 있는 건 아니다. 다만 느끼는 힘이 없다면 무엇이 가치인지, 고객이 어떤 걸 바라는지 이해하지 못할 수 있다는 것이다. 그런 상태에서 고객의 요구를 먼저 파악하거나 감동 서비스를 제공할 수 있을 리가 없다. 그렇기 때문에 감성을 키워야 하는 것이다.

이두식 회장은 늘 엷은 미소를 머금고 산다. 긍정적으로 생각하며 웃으려는 것도 성공의 비결이라고 말한다. 한편으론 감성과 도전으로 자기만의 경영 세계를 추구한다. 감성 충만한 삶도 놓치고 싶지 않기 때문에 더욱 자기계발에 힘쓰고 정진한다. 특별히 자기관리의 중요성을 많이 느끼는 CEO다.

이두식 회장은 감성 역량의 중요성이 두드러지는 CEO다. 자신의 가치관이나 감정 상태를 정확히 인식한다. 그리고 자기 관리 능력이 뛰어나다. 자신을 통제하고 다스릴 줄 안다는 얘기다. 감성적인, 새로운 시각으로 타인에게 접근하는 과정을 통해 그는 성공할 수 있었다. 여기다 사회적 인식 능력을 갖췄다. 자기 관리에다 스스로를 통제할 수 있게 되면서 구성원들의 감정 상태를 이해할 수 있는 마인드를 갖췄다. 이런 모든 과정을 기반으로 그는 자신과 타인을 탄력적으로 조절할 수 있는 관계 능력을 발휘했다.

21세기는 기업과 국가의 물질적·경쟁적 힘에서 감성적·문화적 힘으로 전이되는 문화 기반 경제 시대가 됐다. 최근 '융합'과 '통섭'이라는 말이 화두가 됐을 정도다. 모든 게 홀로 떨어져 존재할 수 없듯이 융복합 시대가 됐다. 전문가들조차 기업 CEO들의 감성 경영이 사회에 미치는 긍정적 효과에 눈을 돌리고 있다. 문화나 감성에 기반한 통합적 기업전략이 대중에게 얼마나 큰 영향을 끼치는지 수많은 사례들을 확인할 수 있기 때문이다. 그래서 이두식 회장은 말한다.

"경영의 논리에 문화와 감성을 더할 때 기업과 고객이 공감하고 소통할 수 있다"라고 말이다.

핵심 가치와 역량, 체계적인 조직 구성을 중시하던 전통적 기업 경영의 시각에서 감성과 문화 등의 융합을 통한 창의적 사고를 이끌어 내는 것이 오늘날 CEO들의 핵심이 돼 버렸다.

I 디자인 K 회장도 "과거의 성공 모델이 현재의 성공 모델로 이어지지 못하고 있고, 세상은 빠른 속도로 변하고 있다. 이에 기업가정신을 되짚어봐야 하는 시대가 다가왔다"라고 말한다. 풍만한 감성

과 상상을 습관화해야 한다고 강조한다.

성공한 기업 CEO들은 종종 성공의 요소로 경청의 중요성, 실현 가능한 목표 설정, 간절한 바람, 원하는 대로 이뤄지지 않을 때 인식 변화의 중요성 등을 강조한다. 그리고 늘 좌절과 고난의 시간이 따라다닌다고 말한다. 이를 견디면 성공이란 단어가 '머릿속'에서 '온몸'으로 다가온다고 역설한다. 기자가 만난 거의 대부분의 CEO들 역시 유연하게 흐르는 공통점을 발견할 수 있다.

"살다 보면 포기하고 싶을 때가 많다. 하지만 포기도 습관이 될 수 있다. 포기하고 싶을 때 성공한 이들을 만나거나 명함을 받아서 성공의 기운을 받으시라"고 말한다.